Marie-Frédérique Bacqué

Mut zur Trauer

Die Akzeptanz eines
notwendigen Lebensgefühls

Aus dem Französischen
von Eva Groepler

Deutscher
Taschenbuch
Verlag

Ungekürzte Ausgabe
November 1996
Deutscher Taschenbuch Verlag GmbH & Co. KG, München
© 1992 Editions Odile Jacob, Paris
Titel der französischen Originalausgabe:
Le deuil à vivre
ISBN 2-7381-0168-2
© der deutschsprachigen Ausgabe:
1994 Artemis Verlag GmbH, München
ISBN 3-7608-1949-4
Umschlaggestaltung: Boris Sokolow
Satz: Filmsatz Schröter GmbH, München
Druck und Bindung: C. H. Beck'sche Buchdruckerei, Nördlingen
Printed in Germany · ISBN 3-423-35114-4

Wie kann, wie soll man mit Trauer umgehen? Die Auflösung althergebrachter Rituale hat eine schmerzliche Leere hinterlassen. Der Tod wird zwar heute weitgehend technisch beherrscht, aber die psychologischen Folgen für die Hinterbliebenen werden in unserer Gesellschaft zunehmend verdrängt. Diese Unterdrückung notwendiger Trauergefühle hat gesundheitliche, soziale und psychische Folgen, mit denen die Autorin sich in diesem Buch eingehend befaßt: Vor dem Hintergrund eigener Erfahrungen in einer Intensivstation und bei der Katastrophenhilfe diskutiert sie auch das Thema Trauer und medizinische Institution sowie Erschöpfung und Ausgebranntsein des Pflegepersonals. Ihre in die Zukunft weisenden Überlegungen und ihre überzeugende Darlegung, daß es für die Gesellschaft von größter Wichtigkeit ist, sich Kenntnisse über einen notwendigen, heilsamen Trauerprozeß anzueignen, zeichnen dieses Buch aus: eine »höchst lesens- und bedenkenswerte Studie«, so Willi Köhler in der ›Süddeutschen Zeitung‹.

Marie-Frédérique Bacqué ist Psychologin und hat sich in zahlreichen Fachpublikationen mit dem Phänomen der Trauer auseinandergesetzt. 1988 nahm sie nach dem Erdbeben in Armenien mit der französischen Ärzteorganisation »Médecins du Monde« und dem Psychosomatischen Institut der Uniklinik Paris an einer Aktion zur Bewältigung der Trauer der Überlebenden teil.

Inhalt

Für Catherine und Jacques, meine Eltern
Für Raphaëlle

Eine weitere Rechtfertigung eines notwendigen und heilsamen Todes: Die tiefe Stabilität, die für das Leben oder für das Lebende konstitutiv ist, betrifft nicht das Individuum, sondern die Gattung. Und diese versäumt im übrigen nicht, daraus Vorteile zu ziehen und ihr ganzes, teuer erworbenes Erbe einzusetzen – dann sichert die Sexualität die Mischung und garantiert zugleich das Fortbestehen und die Verwendung des Ganzen. Würde das Leben nicht die Gelegenheit zu dieser möglichen Änderung erfassen, käme es zu einer Logik des Neubeginns oder zu einer kläglichen Identität. Also überarbeitet es alles.

François Dagognet, Das Lebende, 1988.

Vorwort

Dies ist das nützliche, außergewöhnliche und mutige Buch einer Autorin, die aufgrund ihrer beruflichen Erfahrungen einen beachtlichen intellektuellen Reifeprozeß durchlaufen hat. Marie-Frédérique Bacqué stand als klinische und promovierte Psychologin in ihrem Fachgebiet in unterschiedlichen Zusammenhängen extremen Situationen gegenüber – zunächst im Krankenhaus in einer Intensivstation, wo an akuter Leukämie Leidende oft nur noch auf den Tod warteten. Ihre Reaktionen sowie die ihrer Angehörigen und des Pflegepersonals bildeten den Ausgangspunkt der ersten Untersuchungen von Marie-Frédérique Bacqué über Tod und Trauer. Fast gleichzeitig nahm sie, kurz nach dem entsetzlichen Erdbeben in Armenien vom Dezember 1988, an einer humanitären Mission unter der Schirmherrschaft der Organisation Médecins du Monde und des Psychosomatischen Instituts der Universitätsklinik Paris teil. Dabei ging es um den Versuch, jenen Kindern zu helfen, die diese Katastrophe überlebt hatten, indem ihnen die Möglichkeit geboten wurde, die häufig kumulativen traumatischen Erfahrungen »aufzuarbeiten« oder »abzureagieren«.

Ein Ausleben der Trauer um die nächsten Angehörigen wie Vater, Mutter, Bruder oder Schwester erwies sich als unerläßliche Voraussetzung, damit diese Kinder sich wieder dem Leben zuwenden konnten. Bei einigen von ihnen schien der Widerstreit zwischen den Lebensimpulsen und den Desorganisations- und Todesimpulsen jede Entwicklungsperspektive zu blockieren. Die für die Psyche bestürzende Erfahrung, daß in so kurzer Zeit unzählige Menschen starben, bahnte gelegentlich den Weg für psychosomatische Erkrankungen. Doch dank der erstaunlichen Vitalität der Armenier ging das Leben weiter – trotz des verhängnisvollen Ausmaßes dieser Katastrophe und der damit verbundenen materiellen Schwierigkeiten. Schon nach einigen

Gesprächen mit dem klinischen Psychologen konnten die Kinder etwas von ihrem Schrecken und ihrer Ratlosigkeit in Bildern und, mit Hilfe eines Übersetzers auch sprachlich äußern. Anschließend konnte die Trauerarbeit beginnen, ein langwieriger Aufarbeitungsprozeß, der dem jeweiligen Lebenslauf dieser so schwer traumatisierten Kinder entsprach.

Die am Institut für Psychosomatik (IPSO) am Hôpital de la Poterne des Peupliers erworbene Erfahrung mit Schwerkranken bestätigt diese Sichtweise. Psychische Arbeit schützt nämlich den Körper vor körperlicher Desorganisation. Um so deutlicher wird, was eine beginnende bzw. sich verschlimmernde körperliche Erkrankung für den einzelnen bedeutet, wenn Trauer erstarrt, abgeblockt, nicht geleistet oder in ihren Anfängen ungenügend aufgearbeitet wird.

Seit Freud gelten die Psychoanalytiker als Spezialisten der Trauerarbeit. Diejenigen, die sich an sie wenden, quält meistens ein psychisches Leiden, das sie um Hilfe ersuchen läßt – wodurch die Einleitung eines Aufarbeitungsprozesses, der sich notwendig mit Trauer und Verlusten jeglicher Art befaßt, erheblich erleichtert wird. Ganz anders verhält es sich mit körperlich Kranken, die nicht um psychologische Hilfe bitten und die sogar häufig offen ihre negative Einstellung gegenüber einem solchen Zugang bekunden. Will man eine psychosomatische Reorganisation fördern, so muß die Intoleranz der Betroffenen gegenüber jeglicher Empfindung von Angst oder Depression zumindest vermindert werden.

Marie-Frédérique Bacqué hat sich bemüht, diesen besonderen psychosomatischen Zugang – ähnlich wie bei den armenischen Erdbebenopfern – auch im Krankenhaus, in den Intensivstationen, in denen sie arbeitet, einzuführen. Im Grunde ist die Fähigkeit eines Menschen, sich auf eine wirkliche Trauerarbeit einzulassen, unmittelbar mit seiner psychischen Disposition verknüpft. Allerdings sind die »Gegebenheiten« seiner allgemeinen psychosomatischen Ökonomie sowohl von seiner Umgebung als auch von seiner Geschichte abhängig. So werden Äußerungen der Trauer oder Verzweiflung, die üblicherweise dem Verlust eines geliebten Menschen folgen, stark von den gesellschaftlichen Erwartungen beeinflußt. Unsere Gesellschaft, die das Recht auf Gesundheit postuliert, will vom Tod nichts hören, obwohl jeder weiß, daß er unausweichlich ist und niemanden ausnimmt – der Tod begleitet den Ablauf unseres Lebens. Sich dessen bewußt und in der Lage zu sein, daran zu denken, kann eine günstige Voraussetzung sein, mit dem Schmerz umzugehen und ihn aufzuarbeiten. Was für uns und für unsere Angehörigen gilt, trifft auch für das Pflegepersonal in den Krankenhäusern zu. Die Reflexion über Tod und Trauer kann den Ausdruck von Kummer, Angst, Traurigkeit und Verzweiflung erleichtern. Das Verbalisieren erschütternder Erfahrungen bedeutet eine erste Distanzierung von der Heftigkeit der Empfindung.

Meine eigene langjährige psychoanalytische Erfahrung zeigt mir, daß der Analytiker, analog der Mutter-Kind-Beziehung, in der Lage sein muß, die affektiven Zustände zu erkennen und zu benennen, die seinen Patienten überwältigen, so daß es diesem in einem zweiten Schritt gelingt, sich selbst Rechenschaft darüber abzulegen. Einem ähnlichen Muster folgend können gut ausgebildete klinische Psychologen die allgemeine Unfähigkeit im Umgang mit Empfindungen und Äußerungen von Todesangst und Trauer allmählich abbauen und dazu beitragen, das Potential der Reorganisation besser zu nutzen. Denn wenn die psychische Arbeit den Körper gegen mögliche körperliche Desorganisation schützt, dann gerade deshalb, weil sie verhindert, daß sich eine nicht aufgearbeitete Problematik zu einer unbewußten Last auswächst, die den Lebenswillen untergräbt. Das Recht auf Gesundheit impliziert die Aufgabe, gesund zu bleiben und alles Notwendige dafür zu unternehmen. Aus dieser Sicht ist es unsere vorrangige Pflicht, einen leistungsfähigen psychischen Apparat zu entwickeln, der imstande ist, sich insbesondere auf die mit Tod und Trauer verbundenen Empfindungen einzulassen.

Das Buch von Marie-Frédérique Bacqué kann diese Entwicklung fördern. Heutzutage stirbt man eher im Krankenhaus als zu

Hause; neue »Seuchen« wie Aids und Krebs lassen viele junge Menschen sterben. Das vorliegende Buch hilft durch seine Dokumentation und Analyse, die unvermeidlichen Verluste, die unser Leben begleiten, zu ertragen und zu überwinden.

Rosine Debray

Einführung

Ist es normal, traurig zu sein, wenn eine Liebesbeziehung zu Ende geht oder wenn jemand stirbt, der einem nahesteht? Wie lange dauert dieser Zustand? Kann man Kindern vom Tod erzählen? Muß man eine Todesprognose entschlossen leugnen? All diese Fragen sind Gegenstand eines und desselben Tabus. Im äußersten Fall werden sie beiläufig dem Arzt oder jemandem, der von Berufs wegen damit befaßt ist, anvertraut.

Während die Trauer früher Bestandteil des allgemeinen kulturellen Erbes war, gilt sie heute beinahe als »unanständig« und wird darum verdrängt. Für eine Gesellschaft, in der Produktivität und Konsum als Werte hochgehalten werden, ist es in der Tat schwer, Trauer anders als einen Leerlauf zu begreifen.

Doch Trauer ist »normal«. Mehr noch: Sie ist für jeden Menschen notwendig, wenn er nicht an der entstandenen Leere zerbrechen will. Der Versuch, die Trauer durch Kunstgriffe zu verdrängen, ist also sinnlos – sie ist eine notwendige Erfahrung, die Zeit braucht.

Die Zeit der Trauer kann nicht eingeschränkt werden. In den meisten Kulturen wird ihr im Durchschnitt die Dauer von einem Jahr beigemessen. In dieser Zeit ist der Trauernde einer Reihe von Ritualen unterworfen, die ihn aus der normalen Gemeinschaft ausgrenzen und ihn als bedrohlich und schwach zugleich darstellen. Diese Bräuche, so einengend sie sein mögen, haben vielfältige Funktionen. Sie ersparen der Umgebung die »Unordnung«, die der Tod für sie darstellt, und schonen den Trauernden, indem sie ihn auf ein allgemein verbindliches Verhalten festlegen. Schließlich bieten sie demjenigen, der mit dem Tod eines Angehörigen oder des Lebensgefährten möglicherweise alles verloren hat, einen gewissen gesellschaftlichen Status.

Ganz gleich, ob diese Bräuche der Religion oder mythischen Vorstellungen ihren Ursprung verdanken, sie schützen die Hinterbliebenen vor dem entsetzlichen Gefühl der Endlichkeit, das der Mensch zu sublimieren versucht, indem er für Nachkommenschaft sorgt. Denn ohne den Tod wären Reproduktion und Sexualität für die Gattung keine Notwendigkeit mehr...

Dennoch ist heutzutage die Trauerarbeit mühsam und qualvoll. Gelegentlich scheint sie derart schwer zu bewältigen zu sein, daß sie einfach »ausgelagert« wird. Dieser Verlust an Vertrautheit mit Trauer und Tod ist in der Mentalität unseres Jahrhunderts begründet. Man hat versucht, den Tod weitgehend zu verdrängen; oft zeigt er sich aber in einer brutaleren Form als in früheren Zeiten. Scheinbar zufällig sucht er seine Opfer bei Naturkatastrophen oder Terroranschlägen; schnell und effizient taucht er in Gestalt »moderner« Kriegsführung auf. Gleichzeitig lassen ihn Mediennachrichten über die gesteigerte Lebenserwartung oder über die Erfolge humanitärer Missionen in Entwicklungsländern als eher fern erscheinen. Er ist ein Störfaktor, weil er den Zustand der Harmonie und des Wohlbefindens erschüttert. Was also kann man tun, um ihn besser zu akzeptieren – ihn, der trotz allem die Voraussetzung unseres Lebens ist?

Die Rehabilitation der Trauerarbeit scheint das einzige Mittel zu sein, nicht nur den Tod, sondern auch Trennungen und Niederlagen, eben all die im Laufe des Lebens erfahrenen Verluste zu ertragen. Es ist notwendig, sich auf die Trauer einzulassen, anstatt sie zu unterdrücken, denn sie ermöglicht es, Beziehungen zwischen dem Vorher und Nachher, zwischen den durch die Trennung aufgelösten psychischen Elementen zu ziehen. Eine als Trauma erlebte Trauer wirft entschieden mehr aus der Bahn als ein Tod, den man akzeptieren kann oder den man wenigstens für unausweichlich hält.

Allein durch allmähliche Loslösung von den mit der Bezugsperson verbundenen Vorstellungen, Emotionen und Gefühlen wird es möglich, daß diese ins Reich der Erinnerungen gerückt werden. Es leuchtet also ein, daß die Trauerarbeit so intensiv ist, daß sie eine Zeitlang das affektive, berufliche und gesellschaftliche Potential des Trauernden einschränkt. Die heute weitverbreitete Weigerung, die Unerläßlichkeit dieser Wegstrecke anzuerkennen, führt allerdings die »Trauerkranken« geradewegs zum Arzt, dem sie ihre Depression oder Lebensunlust anvertrauen. Einige halten gar Informationen zurück, die die Trauersymptomatik erklären würden – mit der Folge, daß oftmals zu schnell Antidepressiva und Angsthemmer verschrieben werden, während die Verbalisierung des Schmerzes dazu befähigen würde, mit der Trauerarbeit zu beginnen. Der nicht akzeptierte Verlust eines geliebten Menschen kann, genauso wie andere Trennungen, die das Leben eines Menschen erschüttern, zahlreiche Störungen psychologischer und körperlicher Art hervorbringen.

Das Gesundheitssystem fängt also die Widrigkeiten der Trauerarbeit auf. Kann man nicht sogar davon sprechen, daß die medizinische Institution die frühere religiöse Gemeinde ersetzt hat? Angesichts des Verlusts der Rituale und der Verlagerung des Sterbens von der häuslichen Umgebung in die Krankenhäuser ist eine für Tod und Trauer zuständige Einrichtung notwendiger denn je. Die Fortschritte der Medizin nähren heute bis zum Lebensende die Hoffnung auf Besserung. Mittlerweile tritt in etwa siebzig Prozent der Fälle der Tod im Krankenhaus ein. Dieser Prozentsatz wird sogar weiter steigen, denn die zunehmende Verstädterung läßt sich mit einer allgemeinen Sterbebegleitung zu Hause nicht vereinbaren. Allerdings zeichnet sich auch ein gewisser Gesinnungswandel ab, denn der extreme Einsatz der Apparatemedizin hat stärker zur Entwicklung von Sterbehilfsorganisationen als zur Steigerung des Überlebenswillens um jeden Preis geführt. Meines Erachtens stellen die jetzt bestehenden Einrichtungen jedoch nur eine Übergangsphase dar. Wozu nämlich sollte man ein zusätzliches Ghetto für Sterbende und ihre Angehörigen schaffen? Sicher wird man die Sterberituale früherer Zeiten nicht wieder aufleben lassen können, aber zweifellos müssen neue Möglichkeiten für würdiges Sterben geschaffen werden.

Die Krankenhäuser sollten für die Aufnahme der Angehörigen und für jene Würde sorgen, die einem Patienten zusteht, selbst wenn die Medizin ihr Versagen eingestehen muß. Dieser neue Weg, der sich zwischen den Krankenhäusern und der Versorgung eines Sterbenden zu Hause abzeichnet, wird vermutlich auch die Arbeits- und Forschungsbedingungen derer verbessern, die im Gesundheitswesen arbeiten und mit dem Problem der Trauer konfrontiert sind. Übermäßige Belastung und Verunsicherung ihres ursprünglichen Berufsideals sind häufig genug Ausdruck einer Abnutzung, die zum »Syndrom des Ausgebranntseins« führt. Psychologische Betreuung und die Erarbeitung ethischer Regeln sollten in Zukunft die rein medizinische Versorgung ergänzen.

Kenntnis und Akzeptanz der Trauer sind unerläßlich in unserer Gesellschaft, in der der Tod allgegenwärtig und ständiges Thema in den Medien ist, in der ein »persönlicher« Zugang jedoch mehr denn je abgelehnt wird. Allein die Nähe des Todes anzuerkennen, würde schon den gefährlichsten Experimenten Einhalt gebieten, die der Mensch zur Beherrschung des Universums durchführt – ganz gleich, ob es sich dabei um militärische Strategien oder um Forschungen zur Genmanipulation handelt. Ein vorurteilsfreier Umgang mit der Trauer wird jedenfalls eine größere Solidarität zwischen den Menschen ermöglichen.

Keine Trauer ohne Ritual

Die Bräuche und Rituale der »Kultur des Todes« reichen bis in die Frühgeschichte der Menschheit zurück und sind an keine bestimmte Kulturgemeinschaft gebunden. Die zuweilen sehr unterschiedlichen Trauerrituale mildern den Schmerz über den Verlust eines Angehörigen, eines Gefährten. Genauso wie der »Übergang« von einem Lebensabschnitt zum nächsten kündigt das Anzeigen des schmerzhaften Ereignisses innerhalb einer Gemeinde die Folgen des Verlustes für den Trauernden an: Trennung, spezifische Aufgaben.

Ähnlich wie bei Initiations- oder Hochzeitsriten führt das feierlich gestaltete Begräbnis zur Annahme eines anderen Status innerhalb der Gemeinschaft. So wie das Inzestverbot die Funktion hat, die Männer zur Exogamie, das heißt zur Heirat außerhalb des eigenen sozialen Verbands, zu drängen, sollen die Bräuche, die gelegentlich das Leben des Trauernden einengen, nicht nur einen indirekten Einfluß auf seine geistige und physische Gesundheit nehmen, sondern auch zur Aufrechterhaltung des Gleichgewichts der Gruppe beitragen.

In allen Kulturgemeinschaften setzt man sich mit der Frage auseinander, ob es ein Leben nach dem Tod gibt, und es fehlt nicht an ermutigenden Antworten. Welche Funktion hat also ein Buch, das der Trauer und der geistigen Arbeit, die sie erfordert, gewidmet ist? Ist es in einer Welt nachlassender Religiosität möglich, anstelle der traditionellen Glaubenssätze der abendländischen Konfessionen, durch die die früheren animistischen und pantheistischen Riten ersetzt wurden, auf rationaler Basis Modelle anzubieten, wie man sich mit dem unfaßbaren Phänomen des Todes auseinandersetzen kann? Gegen den Mythos der Gesundheit – propagiert von der Wissenschaft, die sich beinahe als eine neue Religion präsentiert – haben sich Forderungen nach der Schaffung kollektiver Strukturen erhoben, die dem Bedürfnis Rechnung tragen, die Trauer zu berücksichtigen.

Welche Entwicklungslinien zeichnen sich in der westlichen

Zivilisation in dieser Hinsicht ab? Welche gesellschaftlichen Folgen hat das Nachlassen oder gar der Verzicht auf eine Begleitung der Trauernden durch die Gemeinschaft?

Zunehmende Verdrängung des Todes

Die Rolle der Weltkriege

Der Leichtsinn ist sicher die einfachste Weise, den Tod zu bekämpfen. Die Zeit nach dem Zweiten Weltkrieg markiert in Europa und in den Vereinigten Staaten den Beginn der Konsumgesellschaft, die als Reaktion auf die Nöte und Ängste des Krieges zu verstehen ist. Wie die Dokumentarfilme über die Befreiung aus den Konzentrationslagern und die eindringlichen Zeugnisse von Zeitgenossen, etwa von Primo Levi, belegen, offenbarte sich jetzt zum erstenmal das entsetzliche Potential des Menschen, nämlich seine Verantwortung für den technisch perfektionierten Massentod.

Folgt man Louis-Vincent Thomas, dem Begründer und Präsidenten der Gesellschaft für Thanatologie, hat der Tod in der ersten Hälfte unseres Jahrhunderts eine neue Dimension erhalten; er präsentiert sich nunmehr nackt und schmucklos. Die etablierten Religionen haben durch das Massensterben von Auschwitz und Verdun ihre Glaubwürdigkeit eingebüßt. Ihr Schweigen angesichts des hemmungslosen Mordens hatte zur Folge, daß sich viele Menschen vom Glauben abkehrten.

Verarmung des Vokabulars

»Ein Mann, den man an den Galgen brachte, sagte, ›man solle sich davor hüten, durch jene Straße zu gehen, denn es stünde zu befürchten, daß ein Händler ihn wegen einer alten Schuld am Kragen packe‹. Ein anderer sagte dem Henker, ›er solle ihn nicht am Hals anfassen, er zucke dann vielleicht vor Lachen zusammen, weil er so kitzelig sei‹. Ein anderer antwortete seinem

Beichtvater, der ihm versprach, er würde an diesem Tag mit dem Herrn zu Abend speisen: ›Gehen Sie doch hin, ich faste gerade.‹ Ein anderer, der zu trinken verlangt hatte, sagte, nachdem der Henker als erster getrunken hatte, ›er wolle nicht nach ihm trinken aus Angst, die Pocken zu bekommen‹. Jeder kennt die Geschichte von Picard, dem man auf dem Schafott ein Weibsbild vorstellte und sagte, wenn er es heirate, wäre sein Leben gerettet. Er sah sich die Frau ein wenig an, und als er feststellte, daß sie hinkte, rief er aus: ›Fessle mich, fessle mich, sie hinkt!‹«

Die Sprache ist und bleibt einer der besten Indikatoren für die Entwicklung einer Gesellschaft. Montaigne, der diese Begebenheiten mit viel Humor in seinen Essays festgehalten hat, die oft um Tod, Krankheit und Schmerz kreisen, wußte dies sehr wohl. Doch zu seiner Zeit, in der zweiten Hälfte des 16. Jahrhunderts, lächelte man bloß über die auf die Souveränität des Todes abzielenden Pfeile, anstatt den Tod zu zähmen zu suchen, wie es der große Humanist tat. Welche Veränderungen seitdem!

Die im ersten Viertel des 20. Jahrhunderts allmählich einsetzende Sprachlosigkeit hinsichtlich des Todes offenbart ein kollektives Trauma – Folge des ersten Massensterbens der Neuzeit im Krieg von 1914 bis 1918. Angesichts der Erlebnisse auf den Schlachtfeldern, des Einsatzes neuer Waffen, angesichts ausgeloser Situationen in den Schützengräben, wo die Männer beinahe bei lebendigem Leibe vermoderten, schien allein Schweigen angebracht.[1] Das globale Sterben führte auch zu einem anderen Bruch: Der Krieger, zuvor noch ein Ehrenmann, wurde zum Träger eines dreckigen Todes.

Nur wenigen Schriftstellern gelang es, über Verdun zu sprechen, darunter einigen, die sich in satirische oder zynische Sprachformen flüchteten. Reden vom Tod wurden allmählich auf festgeschlossene Zirkel wie etwa das medizinische Vokabular reduziert. Im alltäglichen Sprachgebrauch dagegen traten jene Metaphern zurück, die humorvoll-flüchtig die Unvermeidlichkeit des Todes akzeptierten: »Sich einen Anzug aus Kiefernholz schneidern«; »Das Reich der Maulwürfe aufsuchen«; »Die

Radieschen von unten ansehen«. Solch spielerisch-leichtfertiger Umgang mit dem Tod war durch die Manifestation des vorher Unausdenkbaren weithin unmöglich geworden. Der massenhafte Tod von Menschen, verursacht durch Menschen, markierte einen Punkt, an dem es keine Rückkehr mehr gab und der sich nicht benennen ließ. Das metaphorische Vokabular, das dem Tod ein wenig seiner Schwere nehmen sollte und zugleich einen letzten Versuch darstellte, ihn zu kontrollieren, war nicht länger brauchbar.

Vom passiv hingenommenen zum beherrscht verdrängten Tod

Edgar Morin hat geschrieben, daß Kriege zu grundlegenden Regressionen innerhalb der zivilisierten Gesellschaften führen.[2] Der bis dahin als obskures oder banales Ende eines gewöhnlichen Lebens verdrängte Tod wird manipuliert, verherrlicht und damit zeitweise beherrscht. Wie aber soll man bei der Lektüre von Novicows Aufschlüsselung nicht aufseufzen, wenn er sagt, daß es im Verlauf von 3357 Jahren – von 1496 v. Chr. bis 1861 – 227 Jahre Frieden gegenüber 3130 Jahren Krieg, also dreizehn Jahre Krieg für ein Jahr Frieden gegeben hat?[3]

Warum also veränderte sich ausgerechnet zu Beginn unseres Jahrhunderts die Einstellung zum Tod, wenn Kriege doch seit eh und je als Kennzeichen der menschlichen Gesellschaft toleriert worden sind? Von Dschingis-Khan bis Napoleon haben die Völker es fatalistisch hingenommen, wirtschaftlichen Ausbeutern und waghalsigen Eroberern Tribut zu zollen.

Im 20. Jahrhundert jedoch ist es das Volk selbst, das sich verändert, weil es sich allmählich in eine Vielzahl singulärer Individuen auflöst. Die Erfahrung der Individualität läßt den Menschen mit dem Tod als erlittenem Schicksal brechen. Die Vorstellung vom eigenen Tod, vom Ende eines einzigartigen und deshalb geliebten und anerkannten Ichs, führt dazu, den Tod als gesellschaftliches Gesetz abzulehnen. Der Mensch tritt aus der Gattung heraus; er »entanimalisiert sich«, indem er eine Identität annimmt, die ihn einzigartig macht. Zudem tritt der Tod in anderen Erscheinungsformen auf: Der totale Krieg mit seiner mörderischen Technik und atomaren Bedrohung wird zu seinem Werkzeug. Die Bilder der zu Asche gewordenen Städte Hiroshima und Nagasaki hinterlassen eine tiefe Wirkung auf die Zeitgenossen. Keine Überbleibsel, keine Trauer mehr? Die Irreversibilität der Wirkungen eines Atomkriegs führt zu Bewußtseinsveränderungen, welche die Menschen angesichts der zerstörerischen Macht, über die sie verfügen, verstummen läßt.

In *Der Mensch und das Heilige* schreibt Roger Caillois, daß es genügt, den Krieg »für göttlich zu halten, wenn er unmenschlich ist«. Diese Herausforderung des Göttlichen, die ohne Widerhall bleibt, läßt den Menschen allein mit dem Gedanken an den eigenen Tod. Hat die Wissenschaft, die diese Leere ausgleichen soll, darauf eine Antwort?

Pestepidemien als Quelle kollektiver Regressionen

Wenn schon die Zahl der Kriegsjahre die wenigen Friedensperioden bei weitem übertrifft, so gönnten die regelmäßig ausbrechenden verheerenden Seuchen unseren Vorfahren, bei denen es um Hygiene und Ernährung meist wenig gut bestellt war, kaum größere Verschnaufpausen. Man schätzt, daß die Pest bis 1721, als sie aus dem Abendland verschwand, in beinahe endemischer Weise angedauert hat, alle acht bis zehn Jahre schubweise auftrat und zuweilen dreißig bis vierzig Prozent der betroffenen Bevölkerung dahinraffte. Die verständliche Angst vor dieser Heimsuchung führte zu Verhaltensweisen, die charakteristisch sind für periodisch immer wieder vom Massensterben bedrohten Gesellschaften: Dazu gehören kollektives Sühnen, Opferung von Sündenböcken, Gelöbnisse aller Art.

Die Gesellschaft angesichts des angekündigten Todes

Wie verhält man sich, wenn man dem Tod ins Auge sieht? Wie unterscheiden sich die Reaktionen angesichts einer kollektiven Bedrohung von jenen, die durch einen bevorstehenden individuellen Verlust ausgelöst werden? Beim Herannahen der Epidemie, wenn die ersten Fälle auftreten, versucht man ausnahmslos, die böse Nachricht zu leugnen bzw. zu bestreiten. Es handelt sich nicht tatsächlich um die Pest, wird man sagen. Sicher registriert man die Ähnlichkeit der Symptome, doch glaubt man zunächst an ein baldiges Abklingen des Fiebers, ein Nachlassen des Schüttelfrostes und ein Abschwellen der Lymphknoten. Indem Trauerbekundungen verboten werden, nährt man die Illusion, daß keine Gefahr besteht, und bemüht sich weiterhin um einen normalen Lebensablauf, ohne die besorgniserregende Steigerung der Todesfälle zur Kenntnis zu nehmen. Solches Leugnen kann naturgemäß nicht von langer Dauer sein und wird bald von einer Rebellion gegen die neuerliche Äußerung »göttlichen Zorns« abgelöst. Durch Bußübungen, aber auch durch Suche und Bestrafung der »Ansteckungsherde« wird versucht, das Gottesurteil zu mildern. Schließlich wird die vergiftete Luft auf bösartige Einflüsse zurückgeführt, und lange aufgestaute Spannungen machen sich Luft in Massakern und Plünderungen, die an den aus der Gesellschaft Ausgeschlossenen, den Juden oder Ungläubigen, den Parias und Kassandras, ausgelebt werden.

Wenn am Ende die Leichenstapel in den Straßen und die wegen der Ansteckungsgefahr notwendige Unterbrechung aller normalen Aktivitäten eine Verschleierung der Wahrheit nicht mehr zulassen, richtet man sich in der Depression ein. Die Überlebenden sind in ihrer Niedergeschlagenheit und ihren Schuldgefühlen von der Außenwelt abgeschnitten. Draußen herrscht das Chaos: Tote ohne Begräbnis, verlassene Sterbende, Zerrüttung des gesellschaftlichen Lebens. Häufig wird die Depression von ihrem Gegenstück begleitet – einer manischen Reaktion, die zügelloser Aufgeregtheit freien Lauf läßt. Schon beim geringsten Nachlassen des Pestgeruchs erlebt man, wie sich sogleich große Dankesprozessionen formieren, denen eine andere Art Epidemie folgt – die Hochzeiten. »Im November 1720 brach in Marseille eine wahre ›Heiratswut‹ aus: ›In jener Zeit waren wir nicht wenig erstaunt, daß im Volke so viele Hochzeiten stattfanden... Die Heiratswut war so groß, daß, wer nicht krank gewesen war, durchaus und ohne Schwierigkeiten jemanden heiratete, dessen Beulen kaum abgeheilt war; es heirateten sogar Pestkranke untereinander.‹« [4]

Heutzutage können wir ähnliche Mechanismen der Aids-Erkrankung gegenüber entdecken, wenngleich der Maßstab sicher ein anderer und der Umgang mit der Krankheit von größerer Ernsthaftigkeit gekennzeichnet ist. Die Pest jedenfalls gilt aufgrund der hohen Zahl der Opfer, die sie forderte, wegen der ökonomischen und gesellschaftlichen Destabilisierung, die sie hervorrief, und angesichts der Ohnmacht von Medizin und Religion als eine der »diabolischsten« Krankheiten. Als Beleg mag Holbein der Jüngere gelten, der 1530 den Totentanz darstellte und dreizehn Jahre später selbst an der Pest starb. Realismus und Mut schenkten keine Immunität...

Selbstverständlich gab es damals nicht nur die Pest. Sie teilte ihren traurigen Ruhm mit weiteren seuchenartigen Infektionskrankheiten wie dem englischen Frieselfieber, dem Typhus, den Blattern und der Lungengrippe. Jede Krankheit hat ihre Epoche geprägt und zur Erforschung von Präventivmaßnahmen geführt. So wurde seitens der Medizin seit dem 19. Jahrhundert der Hygiene große Beachtung geschenkt, und auf wissenschaftlicher Basis wurde – insbesondere am Beispiel der Tuberkulose – die Korrelation zwischen dem Gesundheitszustand einer Bevölkerungsgruppe und ihrem gesellschaftlichen Status untersucht. Pasteur entdeckte Keime, die eine Reihe von Infektionskrankheiten verursachen, und entwickelte Impfstoffe. Weitere ermutigende Ergebnisse folgten rasch aufeinander und verschafften der Sozialmedizin eine vorrangige Stellung. Krankheiten wie Cholera, Syphilis und Tuberkulose konnten kontrolliert werden, die Sterblichkeitsrate stabilisierte sich. Doch die Ruhepause, die der westlichen Zivilisation vor dem Auftauchen von Aids vergönnt war, hat die alten Ängste nicht vergessen lassen.

Der Tod – eine Niederlage für die Medizin?

Die bahnbrechenden Erfolge im medizinischen Bereich haben dazu geführt, daß Krankheit zu einem Feind geworden ist, gegen den die Ärzteschaft sich im verbissenen Kampf stemmt. Der Tod wird als Niederlage empfunden, als Eingeständnis wissenschaftlichen Versagens – ein Gefühl, das sich sowohl angesichts unheilbarer Krebserkrankungen als auch angesichts des unaufhaltsamen Alterungsprozesses einstellt. Eine zweifache Entwicklung ist zu beobachten: Zum einen sind Krankheit und Tod individualisiert, haben den großen Epidemien eigenen kollektiven Charakter verloren; zum anderen hat sich die Angst vor dem Tod verschoben. Wurde er früher fatalistisch hingenommen, wird er heute als individuelles Ereignis weitgehend verdrängt und nur in seiner abgeschwächten Form, als Krankheit, zugelassen. Das hat zur Folge, daß heutzutage der Gedanke an Krebs jene Gefühle erzeugt, die im Mittelalter ein Leichnam hervorrief: tiefe Angst und das Erlebnis von Unwiderruflichkeit.

Wertveränderung des »Sterbens«

Der »ins Gegenteil verkehrte Tod«[5], wie Philippe Ariès es genannt hat, entspricht dem zunehmend verbreiteten Wunsch zu sterben, ohne es zu merken – das heißt im Schlaf und so schnell wie möglich. Bis zum 19. Jahrhundert dagegen war es, wenn man das Herannahen des Todes spürte, von größter Bedeutung, sich darauf vorzubereiten, das Leben zu verlassen. Heute wird ein plötzlicher, sogar ein rätselhafter Tod einem erwarteten Hinscheiden vorgezogen. Sofern keine ansteckende Krankheit vorlag, versammelten sich früher Familienangehörige, Freunde und Nachbarn am Bett des Sterbenden. Handelte es sich um eine bedeutende Persönlichkeit, erschienen sogar Vertreter des öffentlichen Lebens. Auf Gravuren aus dem 18. Jahrhundert sind solche Sterbeszenen festgehalten. Solange es keine finanzielle Absicherung im Alter gab, war es zudem gang und gäbe, daß die Alten im Kreis der jüngeren Generation lebten und starben. Krankheiten wurden als Strafen für unbotmäßiges Verhalten gegenüber Kirche und Gesellschaft gedeutet. Im Rahmen solch kausalen Denkens konnte die Angst vor dem Tod auf das Fremde, das Andere projiziert werden.

Allmähliche Isolierung des Kranken

Fortschritte in der Physiologie und Pathologie führten Ende des 20. Jahrhunderts zu der Erkenntnis, daß Krankheiten durch mehrere Faktoren ausgelöst werden[6], zu denen Persönlichkeit, genetisches Potential, Lebensweise sowie Umfeld des Kranken gehören. Damit wird die Krankheit selbst personalisiert, ihr Träger verantwortlich gemacht. Und da eine Krankheit bei jedem anders verläuft, findet der Patient nur schwer Bezugspunkte, mit denen er seinen Fall vergleichen kann.

Trotz der Institutionalisierung der Krankheit und obwohl sie zum ökonomischen Faktor geworden ist, an dem ganze Berufssparten verdienen, erfährt der Kranke jetzt den Preis für die globale Umstrukturierung der Gesellschaft: Er ist isoliert. Liegt er im Krankenhaus, ist die Kommunikation mit seiner Familie gestört, weil die zuweilen ungünstigen Besuchszeiten es erschweren, einem Kranken in seiner letzten Lebensphase das Maß an Zuwendung zukommen zu lassen, das er braucht. Vielleicht aber verfügt eine Familie auch gar nicht über die notwendigen psychologischen Voraussetzungen. Weil der Tod häufig nachts oder frühmorgens eintritt, sterben viele Kranke einsam. Der Schritt von einem öffentlich akzeptierten Tod zu einem sehr privaten, vielleicht zu privaten Sterben ist vollzogen.

Veränderung der Todesrituale

Unabhängig jeglicher Zeit und Kultur ist der Tote stets Gegenstand besonderer Aufmerksamkeit gewesen – es sei denn, es handelte sich um Perioden, in denen ein Massensterben infolge von Kriegen oder Epidemien alltäglich geworden war.

Umgang mit dem körperlichen Zerfall

Der Neandertaler liegt mit angewinkelten Beinen in einer kleinen Nische und scheint in den Boden eingegraben worden zu sein. Im Paläolithikum wurden die Knochen mit Roterde eingefärbt, und man gab den Toten Waffen und Nahrungsmittel auf die Reise ins Jenseits mit – Hinweise darauf, daß es bereits in vorgeschichtlicher Zeit Ansätze für Bestattungsriten gab. Jede Gesellschaft und jede Religion praktiziert Verfahrensweisen, bei denen es hauptsächlich um die Modifizierung eines natürlichen Vorgangs geht: die Zersetzung des Körpers. Die Bestattung verhindert den Anblick des verwesenden Leichnams; das Aussetzen an der Luft beschleunigt den Prozeß; Verbrennung und Versenkung heben ihn radikal auf. Symbolisch werden diese Prozeduren alle als »Reise« in eine andere Welt gedeutet, als Rückkehr in den mütterlichen Schoß oder auch als Erhebung zu den Ahnen. Universell sind auch die unbewußten Bedeutungen, die oft im Verborgenen bleiben.

Vielen, ganz unterschiedlichen Bestattungspraktiken ist gemeinsam, daß sie noch eine hintergründige Bedeutung haben. Dies verbindet afrikanische Stämme, die die Schienbeine ihrer Toten zerschlagen, mit den alten Ägyptern, die für das Leben im Jenseits Nahrung, Zerstreuungen und Sklaven bereitstellten, sowie mit uns Westeuropäern, die wir versuchen, unseren Verwandten eine letzte, liebevoll gepflegte Ruhestätte zu geben. Ausschlaggebend ist der deutliche Wunsch, die Erinnerung an den Toten zu bewahren, dafür zu sorgen, daß er möglichst wohlwollend auf die Lebenden schaut, und vor allem seine Rückkehr zu verhindern. Denn seit jeher hat die Furcht vor den Toten die Lebenden dazu veranlaßt, ihr Territorium sehr genau abzugrenzen.

Vom minutiös geregelten Aspekt des Begräbnisses einmal abgesehen, existieren auch andere Vorschriften. Der alte Ausspruch: »Mit den Füßen voran gehen«, erinnert daran, daß das Eintreffen auf dem Friedhof immer entgegengesetzt zur Normallage bei der Geburt (mit dem Kopf voran) geschehen soll. Damit soll der Tote beim Jüngsten Gericht für seine nächste Reise bereits eine bessere Startposition haben. Daneben gibt es andere signifikante Lagerungen. So weiß man, daß um 1880 in der Hoch-Bretagne Verstorbene, die niemals ein Patenamt innehatten, mit den Händen hinter dem Kopf begraben wurden.[7] Aus dem Poitou ist der Brauch bekannt, diejenigen, die nie ein Kind über das Taufbecken gehalten haben, mit seitwärts ausgestreckten Armen zu begraben – Umkehrschluß der christlichen Vorschrift, die Arme über der Brust zu falten, wenn der Tote ein Patenkind hatte. Im Toulouse des 16. Jahrhunderts führte man eine extreme Leichenstarre, die das Falten der Arme verhinderte, auf ein hohes Maß begangener Sünden zurück.

Eine falsche Lagerung, eine unkorrekte Bekleidung, ein unge-
wöhnlicher Bestattungsort – sie bildeten den Nährboden für den
Glauben, der Tote würde die Lebenden heimsuchen. Die Rituale sollten »gute Tote« – und man könnte ergänzen: eine »gute
Trauer« – gewährleisten. Nicht-konforme Rituale, ein gewaltsa-
mer Tod, nicht verziehene Übeltaten dagegen lassen die Seelen
nicht zur Ruhe kommen. Legenden ranken sich darum, und die
europäische Literatur hat Stoffe über zurückkehrende, umher-
irrende Geister aufgegriffen, die, zur größten Pein der Lebenden, einen Tapferen suchen, der ihnen zu einem ehrenwerten
Begräbnis und damit zur ewigen Ruhe verhilft. Ein bretonischer
Bericht aus dem 19. Jahrhundert erwähnt einen Toten, der
irrtümlich mit dem linken Arm unter dem Körper begraben
wurde. Er sei sofort dem für dieses Mißgeschick verantwortlichen Küster erschienen und habe ihn aufgefordert, seine Arbeit
richtig auszuführen. Er werde den Küster erst in Ruhe lassen,
wenn der Sarg wieder geöffnet und die Angelegenheit der Vorschrift entsprechend ins reine gebracht worden sei.[8] Auch bei
ungetauften Kindern glaubte man an herumirrende Seelen, da
ihnen der »Paß« zur ewigen Seeligkeit fehle. Im Traditionsgut
zahlreicher christlicher Kulturen kennt man sie als Kobolde,
Wichtel oder gar Wolfskinder, die periodisch Geschenke, Nahrungsmittel und weitere Zeichen der Reue dafür verlangen, daß
die christliche Gemeinschaft sie ihrem tristen Los als Ausge-
schlossene überlassen hat. All jene, die bei ihrem Tod am Rand
einer Gesellschaft, in einer besonderen Lebensphase standen
– wie kurz vor der Heirat Stehende, stillende Mütter, Kinder,
die ohne Taufe starben – wurden in den Vorstellungen der
Lebenden zu Geistern, die die Erinnerungen und manchmal gar
den Ort ihres Todes heimsuchten.

Ein eindrucksvoller Stummfilm, *Der Dibbuk*, erzählt von
einem jungen aschkenasischen Juden, der seine Verlobte so lange
als Geist plagt, bis diese endlich die Riten vollzieht, die ihm zur
ewigen Ruhe verhelfen. In den Vereinigten Staaten geht die

Legende von den »Vanishing Hitch-hikers« um, die schemenhaft entlang den Straßen auftauchen, an denen sie Opfer eines Unfalls gewesen sind – eine moderne Variante der ruhelosen Geister.[9] Ähnlich wie Claude Lévi-Strauss glauben wir, daß die Seelen der Verstorbenen das Ordnungsverlangen unserer Kulturen in Frage stellen. Solange die Lebenden den Toten nicht begreiflich machen, daß sie das Jenseits endgültig aufzusuchen und ihre Rolle als Schutzgeister auf sich zu nehmen haben, kann man sie nicht endgültig in den Bereich der Erinnerungen einordnen.[10]

Näher sind uns die Rufe jener Mutter, deren Tochter von ihrem Freund in einem Anfall von Wahn getötet wurde. Sie schreit ihre Empörung gegen die Einstellung des Verfahrens durch die Justiz heraus, weil es ihr dadurch unmöglich gemacht worden sei, ihren Schmerz zu äußern und andere an ihrer Wut und ihrem Entsetzen teilhaben zu lassen.[11] Zwar wird die Tat durch die Einstellung des Verfahrens nicht geleugnet, doch rückt das Ausbleiben irgendeiner Sanktion den Tod des jungen Mädchens für die Mutter in einen irrealen Bereich – sie hat Schwierigkeiten, das Geschehene zu akzeptieren, solange die Gesellschaft es nicht bestätigt. Daraus wird ersichtlich, daß die Trauerrituale nur bei normalen Todesumständen funktionieren. Ebenso wichtig ist es, daß der Körper des Toten unversehrt zur Verfügung steht.

Ohne Körper kein Toter

Wir erinnern uns noch an die Mütter von der Plaza de Mayo in Buenos Aires, die von der argentinischen Militärjunta Auskunft über den Verbleib ihrer verschleppten Söhne forderten. Aber sie wollten nicht nur Informationen; sie wollten auch die Körper ihrer Kinder, um den Tod bestätigt zu bekommen. Ähnlich versuchten sowjetische Eltern, den Sarg ihres in Afghanistan ums Leben gekommenen Sohnes wieder zu öffnen, um die Angaben der Armee über die Todesumstände zu überprüfen.[12] Fehlt bei der Trauerfeier der Körper des Toten, bedient man sich häufig eines Symbols: Kerzen für einen Priester, persönliche Gegenstände für die auf hoher See verschwundenen Fischer. Die Flamme am Grab des Unbekannten Soldaten erlaubt, aller Soldaten zu gedenken, die nie identifiziert oder aufgefunden und begraben wurden. In den meisten Ländern gibt es Denkmäler und Gedenktage zur Erinnerung an die Millionen Kriegstoten, wodurch diese in die historische Überlieferung integriert werden.

Der Tod – Domäne des Religiösen

Seit jeher sind die Todesrituale nicht nur auf der individuellen, sondern auch auf der Ebene der religiösen Gemeinschaft stark besetzt. So hat sich die katholische Kirche stets darum bemüht, den Tod und das Jenseits zu christianisieren und den Totenkult in eigene Regie zu nehmen. Im Mittelalter führte das so weit, daß neben den regulären Geistlichen die Priester des Fegefeuers auftauchten, die den Familien der Verstorbenen anboten, Messen zum Heil der sündigen Seelen zu lesen, natürlich gegen Bezahlung oder im Austausch gegen Naturalien. Einige dieser Geistlichen scheuten selbst vor Betrug nicht zurück.[13] Solcher Mißbrauch führte zwar zunächst zu einer offiziellen Verurteilung, doch war die Nachfrage der trauernden Familien so groß, daß die Kirchenhierarchie schließlich die einträglichen Praktiken gutheißen mußte.[14]

Die Hölle war nicht länger das unabänderliche Los der sündigen Seelen. Wer infolge eines liederlichen Lebenswandels oder durch Gewalteinwirkung gestorben oder wer nicht angemessen bestattet worden war, dem bot das Fegefeuer eine neue Chance, zur ewigen Ruhe zu finden. Die Kirche akzeptierte und verteidigte schließlich nachträglich die Lehre vom Fegefeuer als läuterndem Zwischenstadium, um die Kontrolle über die Priester des Fegefeuers nicht ganz zu verlieren und für Sünder die Hoffnung auf ein ewiges Leben aufrechtzuerhalten.

Da die Lebenden sich von den Toten gestört fühlten, stellte

die Kirche als wichtigste moralische Instanz jener Epoche durch entsprechende Bestattungsrituale das Gleichgewicht zwischen dem Reich der Lebenden und dem der Toten wieder her. In einer so bewegten Zeit wie dem ausgehenden Mittelalter suchte man mittels einer ritualen Sprache einen Sinn für den Tod zu finden und durch Symbole wie das Fegefeuer den Tod aus dem Territorium der Lebenden auszugrenzen. Die armen Seelen kamen endlich zur Ruhe, und die Hinterbliebenen konnten nach einer gewissen Zeit der Trauer ihren Platz in der Gesellschaft wieder einnehmen.

Trennung der Lebenden von den Toten

Die übliche Trauerzeit ist in den meisten Kulturen bemerkenswerterweise gleich lang. Sie entspricht den drei Etappen, die Louis-Vincent Thomas in *Der afrikanische Tod* beschrieben hat. Trennungsrituale sorgen dafür, daß sich Lebende und Tote nicht begegnen, indem die Trauernden aus dem Dorf fortgebracht werden. Die Riten der zweiten Stufe beziehen sich auf die Verwandlung der unreinen Leiche zum würdevollen Skelett, und die Riten der Reintegrierung schließlich erlauben den Trauernden, erneut ihren Platz in der Gemeinschaft einzunehmen.

Die Kleiderordnung für die verschiedenen Stadien der Trauer – große Trauer, Halbtrauer und so weiter – beschäftigte bis Anfang unseres Jahrhunderts die Gesellschaft. Heute ist davon kaum noch etwas übriggeblieben; selbst die Farbe Schwarz hat ihren symbolischen Charakter weitgehend verloren.

Die Entwicklung der Trauerrituale kann bei Philippe Ariès nachgelesen werden. Seit dem 16. Jahrhundert beginnt die Trauer ihren »wilden« Charakter zu verlieren, ungezügelte Emotionen und Gefühlsausbrüche treten zurück. Im 17. Jahrhundert setzt sich allgemein eine spezielle Trauerbekleidung durch – die schwarze Kleidung tritt an die Stelle der verbalen Trauer. Der Hinterbliebene muß seine Situation nicht mehr erläutern, er drückt sie bereits wortlos durch seine Kleidung aus.

Selbst wenn ein Verstorbener nicht wirklich betrauert wird, muß die Familie eine Zeit der Zurückgezogenheit und der formalen Trauer einhalten, die für die gesellschaftliche Ordnung notwendig ist. Hinter den Ritualisierungen steht also die Sorge um den Bestand der Familie und vor allem um die Aufrechterhaltung der vielfältigen gesellschaftlichen Strukturen. Extreme und exzessive Praktiken indes können ins Gegenteil umschlagen, den authentischen Kummer maskieren und ganze Generationen lähmen. So wurde mit dem Aufkommen der Romantik die Trauer teilweise zum morbiden Kult. Man versuchte, mit den Toten zu kommunizieren, Krypten wurden gebaut für Gegenstände, die der Verstorbene über alles geliebt hatte.

»Ließe sich eine Trauer-›Kurve‹ anfertigen, müßte man eine erste heftige Phase ungehemmter und stürmischer Spontaneität bis ungefähr zum 13. Jahrhundert einzeichnen, dann eine lange Ritualisierungsperiode bis zum 18. und schließlich eine Spanne von übersteigertem Dolorismus, dramatischer Zurschaustellung und düsterer Mythologie. Es ist durchaus nicht unmöglich, daß der Paroxysmus der Trauer im 19. Jahrhundert zu deren Verbot im 20. Jahrhundert in Beziehung steht.« Mit seiner beinahe mathematischen Darstellung der veränderten Trauerpraktiken[15] überzeugt uns Philippe Ariès davon, daß die Äußerung oder Einschränkung von Emotionen in engem Bezug zum geschichtlichen Kontext steht. In diesem Zusammenhang aufschlußreiche Beobachtungen hat die Anthropologin Marinella Carosse gemacht, die in Sardinien der Entwicklung von Kleiderordnungen über einen Zeitraum von vierzig Jahren nachgegangen ist. In dem Dorf Desulo signalisierte die Garderobe die Laune der Frauen, die sie trugen, gab aber auch Aufschluß über Ereignisse, die sie erfahren hatten. Glück und Trauer, Ernsthaftigkeit und Frohsinn konnten der Aufmachung der Dörflerinnen entnommen werden. Die drei Stufen der Trauer – große Trauer, halbe Trauer und kleine Trauer – äußerten sich durch eine ausgeklügelte Zusammenstellung verschiedener Kleidungsstücke und durch Veränderung der Farben. Widersetzte eine Frau sich der Kleiderordnung, beeinträchtigte dies ihr Ansehen in der Gemeinde. Verweigerte sie gar die Trauerkleidung, wurde sie als »schamlos« gegeißelt, und Schande kam über sie und ihre ganze Familie. Eine übertriebene oder zu lange Einhaltung der Trauerkleidung hingegen wertete man als aggressiven Wunsch gegenüber dem Dorf: Man verdächtigte die Frau, einen weiteren Todesfall herbeizurufen. Der Trauercode war also äußerst präzise, jede Veränderung des Rituals ließ sich interpretieren.

Zur Zeit der Trauer wurden die reich bestickten, scharlachroten Kleider abgelegt; die Kleidung wurde schwarz eingefärbt, die Kopfhaube umgedreht. Diese in zahlreichen Kulturen stattfindende Umkehrung zeigt an, daß der durch den Toten »erschütterte« gesellschaftliche Raum neu strukturiert werden mußte. Die ersten Monate nach der Beerdigung waren den Beileidsbekundungen vorbehalten: Die trauernden Frauen mußten während dieser Zeit im Haus bleiben und durften den öffentlichen Bereich nicht betreten. Nach Marcel Mauss besetzt die Trauer als »totaler gesellschaftlicher Fakt« die Intimsphäre des Subjekts und verleiht ihm einen vollkommen abseits liegenden Status. Seine Kleidung unterscheidet ihn vom Rest der Gemeinschaft, er unterliegt Verboten und muß isoliert leben. Dieser »Kasteiung« entspricht symbolisch die »Tilgung« des von dem Kollektiv erfahrenen Verlustes.

Im Laufe der Jahrzehnte hat sich in Desulo einiges verändert. Während die große Trauer (Tod des Gefährten) zuweilen noch auf lebenslang und die halbe Trauer (Tod von Blutsverwandten) auf rund zehn Jahre angelegt ist, schwankt die kleine Trauer (entfernte Verwandte, Schwiegereltern, Paten) je nach Alter des Verstorbenen und der Trauernden lediglich zwischen sechs Monaten und etwa fünf Jahren. Doch auch die entschärften Vorschriften machen nur für die Alten einen Sinn. Durch die Öffnung des Dorfes zur Welt, verbunden mit einer Lockerung der familiären Beziehungen und einem Rückgang religiöser Bindungen, hat die Kleidung der Frauen ihren Symbolgehalt und ihre Aussagekraft verloren.

All die Regeln, die sich um einen Verlust, vor allem jedoch deren Übertretung rankten, lösten unvermeidbare Kommentare und Urteile aus. Die Angst vor Mißbilligung und Ächtung sorgte zumeist für ein striktes Einhalten der Trauer*gesetze* und bewirkte möglicherweise gar eine Umleitung des Kummers. Das Beachten der Verbote und die Erfüllung festgelegter Regeln eröffneten vielleicht einen Weg, den Verlust zu kompensieren.

Man kann sich die Frage stellen, ob dermaßen ausgefeilte symbolische Botschaften wie in dem sardischen Dorf in unserer multimedialen Gesellschaft noch ankämen. Wenn nämlich der Adressat bereits durch zu viele Eindrücke gesättigt ist, erreicht ihn die Mitteilung des Absenders nicht mehr. Und für diesen bleibt der vorher durch Riten besetzte Raum nunmehr ausschließlich von seelischem Leiden besetzt.

Normale Trauer und Pathologie der Trauer

Wenn auch die Sprache, die sich auf den Tod bezieht, stark verarmt ist, so heißt das nicht, daß die unbewußten Empfindungen verschwunden sind.

»In Trauer sein« bezeichnet die objektive Situation, die äußere Realität des Verlustes, unabhängig von den psychologischen Auswirkungen. »Seine Trauer tragen« ist eine subjektive Definition, die nicht nur den Verlust meint, sondern auch die notwendige schmerzhafte innere Auseinandersetzung, die zur allmählichen Loslösung führen soll – wir sprechen hier von »Trauerarbeit«. Zumeist hat sie das emotionale Loslassen eines geliebten Menschen zum Gegenstand, doch kann es sich auch um die Zuwendung zu einem Tier oder einem Ideal handeln. Worauf es ankommt, ist die Intensität eines dargebrachten Gefühls – unabhängig davon, ob es imaginär oder real ist.

Weil seit Beginn des 20. Jahrhunderts die Symbole, die einst das kollektive Imaginäre im Angesicht des Todes beschwichtigten, zugunsten von Rationalisierungen zurückgetreten sind, äußert sich Trauer nicht selten pathologisch – die Psychoanalytiker sprechen von »Trauerkrankheiten«.

Die Trauerarbeit

Eigentlich glaubt niemand an den eigenen Tod; im Unbewußten ist jeder von uns vielmehr von der eigenen Unsterblichkeit überzeugt. Für Sigmund Freud führte die Unvorstellbarkeit des eigenen Todes direkt zu den Schwierigkeiten der Trauer, weil die Verweigerung, sich mit dem Tod des anderen zu identifizieren, eine enorme psychische Arbeit erfordert.

Das Beenden der Trennung

Freud verwendete den Begriff der »Trauerarbeit« erstmals 1915 in seinem Aufsatz *Trauer und Melancholie*. Er hatte sich einerseits von einem Artikel seines Schülers Karl Abraham inspirieren lassen, andererseits selber bei einer hysterischen Patientin das selbstgefällige Bedürfnis beobachtet, sich an den Verlust eines geliebten Menschen zu erinnern und diesen zu beklagen. Folgt man Freud, zieht der Verlust eines jeden Liebesobjektes – sei dieses nun ein Mensch oder ein abstraktes Ideal wie Freiheit und Vaterland – Trauer nach sich.

Trauer ist also eine ganz normale Erscheinung, doch wie nach jedem traumatischen Erlebnis ist eine psychische Aufarbeitung der Ereignisse unerläßlich, die das Ich zu überwältigen drohen. Eine Periode der Depressionen und Konzentration auf das verlorene Liebesobjekt wird durchlebt, und »das Ich, gleichsam vor die Frage gestellt, ob es dieses Schicksal teilen will, läßt sich durch die Summe der narzißtischen Befriedigungen, am Leben zu sein, bestimmen, seine Bindung an das vernichtete Objekt zu lösen.«[1] Freud zufolge hat das Ich die Funktion eines Vermittlers zwischen den inneren Trieben des Subjekts und der Wirklichkeit der äußeren Welt. Weil es Sitz derjenigen bewußten und unbewußten Mechanismen ist, die das Subjekt vor Ängsten schützen sollen, wird die Trauerarbeit auf dieser Ebene geleistet.

Ein Musterbeispiel der Psychoanalyse

Traum und Trauer waren für Freud bevorzugte Beispiele, um die Psychoanalyse begrifflich zu fassen: »Nachdem uns der Traum als Normalvorbild der narzißtischen Seelenstörungen gedient hat, wollen wir den Versuch machen, das Wesen der Melancholie durch ihre Vergleichung mit dem Normaleffekt der Trauer zu erhellen.«[2] Freud interessierte sich für die Trauer, um die Melancholie besser zu verstehen – und damit auch die Psychosen, die er aus seinen wissenschaftlichen Forschungen nicht ausgrenzen wollte. Seit langem weiß man, daß Trauer zu ernster Depression führen kann. Indem Freud die Analogie zwischen den Vorläufern der Melancholie und den Reaktionen auf einen affektiven Verlust hervorhob, kam er dazu, sich mit der Problematik der Trauer zu befassen.

An der Grenze zur Melancholie

Freuds Aufsatz zur Trauerarbeit stellt also, Punkt für Punkt, einen Vergleich mit der Melancholie auf. Die Melancholie ist ein ernster pathologischer Zustand, den eine schmerzhafte Depression, ein vollkommener Rückzug aus der Außenwelt, eine Hemmung und ein Verlust an Selbstachtung kennzeichnen. Der allgemeine Pessimismus des Melancholikers kann sich bis zur wahnhaften Erwartung einer Bestrafung, bis zum Selbstmordversuch steigern. Trauer zieht ähnliche Folgen nach sich – wie depressive Stimmung, Verlust des Interesses für die Außenwelt und Schuldgefühle, worin sie stark einem pathologischen Zustand ähnelt.

Ein grundlegender Unterschied besteht indes darin, daß Trauer nicht zu der äußersten Selbstverachtung des melancholischen Ichs führt. Während bei der Trauer das verlorene Objekt ganz real ist, weiß der Melancholiker meist nicht, was er verloren hat. Wirkt bei der Trauer die Welt öde und leer, weil die Anwesenheit des geliebten Menschen fehlt, ist es bei der Melancholie das Ich selbst, das verkümmert und sich nichtswürdig fühlt. Der wahnhafte Melancholiker inszeniert häufig eindrucksvolle Selbstbezichtigungen und scheint dabei keineswegs verlegen, so sehr blendet ihn sein überzogener Narzißmus. Nichts dergleichen findet man bei dem Trauernden; dieser zieht sich eher aus der Gesellschaft zurück und gibt damit zu erkennen, daß dort seine Bedürfnisse nicht erfüllt werden können. Doch die Zeit arbeitet zu seinen Gunsten, und irgendwann wird die Beziehung zum verlorenen Liebesobjekt endgültig aufgegeben. Die normale Trauer gilt als beendet, sobald das Subjekt wieder fähig ist, eine neue libidinöse Bindung einzugehen.

Freud weist eine Abstufung zwischen normaler Trauer, pathologischer Trauer und Melancholie nach. Der Trauerzustand entspricht gewissermaßen einer normalen Depression, wenn auch mit einer vom üblichen Muster abweichenden Symptomatik. Die normale Trauer hat gut erkennbare Gründe, trägt charakteristische Züge und wird nach einem gewissen Zeitraum dauerhaft bewältigt. Bei der pathologischen Trauer hingegen fühlt sich das Subjekt aufgrund seiner Ambivalenz gegenüber dem verlorenen Objekt für dessen Tod schuldig und modifiziert die Trauer dahingehend, daß er sie entweder verschiebt oder verlängert. Bei der Melancholie schließlich identifiziert sich das Ich mit dem verlorenen Objekt und sucht nach einer Bestrafung, was zum Selbstmord führen kann.

Freuds Arbeiten sind bei allen späteren Psychoanalytikern, die sich mit den »Trauerkrankheiten« befaßt haben, auf großes Interesse gestoßen. So betont beispielsweise Helene Deutsch in ihrem Aufsatz aus dem Jahr 1937, daß es anomal sei, wenn sich nach einem schwerwiegenden Verlust kein Kummer einstelle und daß dies psychische Störungen nach sich ziehen könne. Damit bekräftigt sie die These, daß Leiden eine unerläßliche

Voraussetzung ist, um die Realität des Verlustes anzunehmen – eine notwendige Phase also, bevor die andauernde Abwesenheit akzeptiert wird.

Von ersten Verletzungen zu künftigen Trennungen

Daniel Lagache führte 1938 die damaligen ethnologischen Arbeiten weiter, indem er den Begriff der Trauer auf sämtliche Übergangsriten, die das kollektive Leben bei Geburt, Initiation und Heirat vorschreibt, ausdehnte. »Der Tod des anderen macht uns insofern die zwischenmenschliche Wirklichkeit bewußt, als dieser Tod als persönliche Verletzung empfunden wird: Das Ziel der Trauer ist es, den Toten von den Lebenden abzuspalten. Die Mittel dazu bestehen darin, die biologische Tatsache nachzuvollziehen, das heißt, den Toten zu töten.«

Indem man Trauer in Beziehung zu Lebensabschnitten setzt, wird dem Tod sein Stellenwert im Lebenszyklus zurückgegeben. Das menschliche Dasein wird nicht länger als lineare Achse, sondern als durch Trennungen markierte Sinuskurve begriffen, wobei Trennung gleichwohl Tod wie Geburt bedeutet. »Den Toten töten«, ihn gar verzehren wie in den Kannibalengesellschaften üblich, die sich damit die Fähigkeiten der Toten einzuverleiben suchten, findet sein Äquivalent in der Vorstellung von der Introjektion. Sandor Ferenczi definierte dieses Konzept 1909 in seiner Psychoanalyse: Der psychische Vorgang der Introjektion ermöglicht es dem Trauernden, jene Eigenschaften, die dem verlorenen Objekt innewohnten, zu verinnerlichen – mit der Konsequenz, daß er keine Symbole mehr braucht, um die Erinnerung zu bewahren.

Melanie Klein zufolge bedeutet jede Trauer ein Wiederaufleben der ursprünglichen Trauer, die mit der ersten Trennung von der Mutter verbunden ist[3]: Jede neue Trauer reaktiviert die anläßlich des ersten Verlustes empfundenen Ängste. Aus diesem Grund ist die Introjektion des ersten Liebesobjekts von grundlegender Bedeutung, und wenn es in dieser primären Beziehung an

Güte gefehlt hat, wird das Kind sich später im Umgang mit Trauer schwer tun.

In den ersten Monaten seines Lebens wiegt sich das Kleinkind in der vollkommenen Illusion, seine Mutter stehe ihm uneingeschränkt zur Verfügung. Sie ist ausschließlich jenes »gute Objekt«, das ihm Trost und Wohlergehen spendet. Allein daß der Säugling allmählich die größere Welt entdeckt, macht es ihm möglich, die Abwesenheit der anderweitig beschäftigten Mutter zu akzeptieren. Angesichts dieser Entdeckung entwickelt das Kind zwei Reaktionsweisen: das Gefühl von Verfolgung, das bei ihm aggressive Phantasien auslöst, und das Gefühl von Traurigkeit, das diesen aggressiven Gedanken folgt. Diese depressive Phase stellt für die Reifung der kindlichen Psyche eine entscheidende Etappe dar, denn sie beginnt mit der Desillusionierung hinsichtlich des idealen Mutterbildes. Zudem ermöglicht sie eine Kontrolle der aggressiven Triebe, die sonst zur Zerstörung des »bösen Objekts« bei anderen wie bei sich selbst führen würden.

Herausbildung eines »Vorher« und »Nachher«

Der amerikanische Psychoanalytiker Ernest Lindemann hat die Trauerarbeit als Abfolge kleiner Ereignisse definiert, die allmählich das Verhalten des Trauernden verändern. Alle mit dem Verstorbenen geteilten Aufgaben müssen unter Erfahrung von Schmerz gedanklich »demontiert« werden, damit das Subjekt fähig wird, sie in eigener Regie zu übernehmen, ehe es erwägt, sie mit einem neuen Partner zu teilen. Der Trauernde muß sich selbst vom verlorenen Objekt abwenden, wobei der Schmerz Garant dieser Loslösung ist. Lindemanns Ziel war es, das von der Psychoanalyse erarbeitete Wissen in die psychologischen, soziologischen und medizinischen Untersuchungen einzubeziehen. Ihm ist zu verdanken, daß auch die gesundheitlichen Auswirkungen und die Veränderungen im sozialen Umfeld berücksichtigt werden, wenn man sich mit den in der Trauer wirksamen mentalen Mechanismen befaßt.

Die normale Trauer

Für die Psychoanalyse ist die Trauer ein normales Phänomen, selbst wenn sie anfangs alle Aspekte einer pathologischen Erkrankung annimmt. Für das Kind, das im Lauf seines Lebens vielfältige Verluste erleidet, bedeutet deren Verarbeitung eine wesentliche Erfahrung: Die Psyche gewinnt an Reife und kann somit die Folgen der späteren Verluste integrieren.

Verluste der Kindheit

Die Trauer ruft eines der ersten Traumata wieder ins Gedächtnis zurück, das durch die auf die ödipale Krise folgende Amnesie eigentlich gemildert worden war. Im Alter zwischen drei und fünf Jahren stellt der Verlust der Allmacht über die Mutter und die nahe Umgebung für das Kind den ersten Bruch dar, und damit kündigen sich zahlreiche Schwierigkeiten an.

Abstillen – die allererste Prüfung

Das Stadium, in dem Mutter und Kind eine Einheit bilden, ist in dem Moment beendet, wenn der Säugling abgestillt wird und die Mutter vom Kind unabhängige Aktivitäten wiederaufzunehmen beginnt. Sicherlich ist der Verlauf dieser ersten Trennung von prägender Bedeutung für alle anderen. Selbst wenn die Nähe der Mutter meist weiterhin erhalten bleibt, muß das Kind sich jetzt auf eine andere Art von Verhältnis einstellen. Es empfindet erstmals einen Verlust, der es auf weitere vorbereitet.

Dennoch ist es für ein Kleinkind äußerst schwierig, den Tod zu begreifen; erst mit etwa acht Jahren kann dessen Irreversibilität und Radikalität realisiert werden. Ein kleineres Kind, das Leben mit Bewegung und mit allen elementaren Funktionen wie Trinken, Essen, Schlafen assoziiert, sieht als Merkmal des Todes lediglich die Unbeweglichkeit und das Aussetzen grundlegender Handlungen an, doch scheint ihm dies noch nicht endgültig, und häufig glaubt es, in der Zeit zurückgehen zu können.

Françoise Dolto zufolge beginnt schließlich eine Phase, in der das Kind die Abwesenheit des Verstorbenen entdeckt und diese später auch integriert: »Für das Kind, das den Tod entdeckt, ... bedeutet der Tod eine Frustration muskulärer Aktivität und affektiver Aggressivität, eine Frustration, die stärker als die anderen ist: erzwungene Bewegungslosigkeit und Abwesenheit des geliebten Menschen (also sehr, sehr, sehr langandauernde affektive Kastration).«[4]

Kind und Tod

Das Verlassenheitsgefühl, das sich nach dem Verlust eines geliebten Menschen einstellt, wird vom Kind um so stärker erfahren, je mehr die Erwachsenen in seiner Umgebung es ablehnen, darüber zu sprechen. Man denke an Edgar Morin, der sich an seine Reaktionen als Zehnjähriger erinnert, als plötzlich seine Mutter starb.[5] Die Familie wagte dem Kind gegenüber kein Wort zu äußern, und Edgar wurde nicht zur Beerdigung mitgenommen. Erst schob man eine Reise der Mutter vor, aus der später eine endgültige Reise »in den Himmel« wurde. Sein Vater, Vidal, der die traurige Wahrheit und vor allem die eigene Verzweiflung vor seinem Sohn zunächst verborgen hatte, begriff nicht die Schwierigkeiten des Kindes, seinen Schmerz zu teilen: »Vidal war bestürzt, daß sein Sohn schwieg und keinerlei Gefühl zeigte. Diese Gleichgültigkeit schrieb er der Dummheit zu. Vidal verstand auch nicht, weshalb sein doch erst zehnjähriger Sohn sich so häufig und lange auf der Toilette einschloß. Manchmal befragte er ihn hinter der Tür: ›Geht es dir gut? Hast du

Bauchschmerzen?‹ Der Sohn beendete sein stummes Schluchzen, antwortete, es sei alles in Ordnung. Er wartete bis seine Augen trocken waren, und dann prüfte Vidal dieses gleichgültige und ruhige Gesicht... Er verstand nicht, daß sein Sohn es im darauffolgenden Jahr ablehnte, anläßlich des Todestages seiner Mutter mit der Familie auf den Friedhof zu gehen.«

Beim Kind ist die Vorstellung vom Tod, auch wenn sie verworren bleibt, Gegenstand eines unbewußten Wissens. Ginette Raimbault hat das 1977 in ihrem Buch über kranke Kinder sehr deutlich aufgezeigt. Das todkranke Kind sieht ebenso wie das um einen Menschen trauernde sein Leiden durch das Schweigen seiner Umgebung verstärkt. Diese Unfähigkeit der Familie rührt nicht nur daher, daß man die Fähigkeit des Kindes zu begreifen anzweifelt, sondern ist auch mit einem gewissen Schuldgefühl der Erwachsenen verbunden, weil diese den Tod als ungerecht dem Kind gegenüber empfinden. Oder sie wollen es einfach vor jedweder umschönen Realität schützen.

Stirbt jemand aus der unmittelbaren Umgebung des Kindes, kann der Tod auf authentische Weise und nicht nur als Abwesenheit erlebt werden. Wird es offen informiert und erhält es Gelegenheit, den Verstorbenen noch einmal zu sehen, so nimmt das Kind dies als Zeichen von realem Interesse an seiner Person wahr. Es wird seine Gefühle spontan äußern und sich in seinem Kummer von den »Großen« begleitet fühlen. Schuldgefühle und wechselseitige Geheimnistuerei werden maximal begrenzt, und das Kind kann seine Trauerarbeit leisten, wobei eine Vielzahl von Fragen auftaucht, die die Erwachsenen lieber vermieden hätten, weil sie viele Probleme aufwerfen. Der Anblick des Leichnams schockiert das Kind nicht, sondern wirkt eher der Entwicklung von beängstigenden Phantasien entgegen. Allerdings braucht es genaue und verläßliche Anworten auf die Fragen, die es interessieren: »Hat er Hunger? Ist ihm kalt? Leidet er?« Klare Antworten haben eine beruhigende Wirkung auf das Kind; sie blockieren es nicht, wie seine eigenen im Kontext von Einsamkeit und Verlassenheit aufgestellten Hypothesen es tun würden.

Für das Kind beginnen mit dem Tod die verschiedenen Stufen der Trauer: zunächst das Hinnehmen eines irreversiblen Verlustes und der damit verbundenen Trauer, dann das Akzeptieren von Leiden und Schmerz, ehe die Loslösung erfolgt, und schließlich die Integration des ersten psychischen Trennungstraumas.

Phasen der normalen Trauer

Bestürzung

Man geht davon aus, daß Erwachsene die Irreversibilität des Todes als gegeben ansehen. Nichts dergleichen, zumindest nicht in dem Augenblick, wenn sie soeben eine Todesnachricht erhalten haben. »Das ist nicht möglich! Ich kann das nicht glauben!« Erste erstickte Worte, manchmal auch Schreie, die die absolute Weigerung kennzeichnen, die Information zu akzeptieren. Man möchte zurückgehen können in die Zeit, als man es noch nicht wußte. Diese Aufschreie sind Michel Hanus zufolge als Versuch einer Regression zu deuten: Man wünscht sich in die Situation des Säuglings zurück, der daran glaubt, daß die Mutter auf seine Verzweiflungsrufe hin erscheint. Mit ähnlich instinktiven Verhaltensweisen haben wir es zu tun, wenn Angehörige nach Unfällen oder Bränden an den Unglücksort fahren, um Nachforschungen anzustellen.

Leugnung und Revolte

Dem Zustand des physischen Schocks, der von totaler Appetit- und Schlaflosigkeit begleitet wird, folgt eine Phase der Verneinung und des Nicht-wahrhaben-Wollens. Sie dient dazu, die massive Wirkung der Nachricht etwas abzumildern.

Zunächst regelrecht wie gelähmt, findet der mit einem Trauerfall konfrontierte Mensch allmählich zu einer Art verzweifelter

Energie zurück. Er beginnt den Verschwundenen zu suchen, um dann, wenn die Vergeblichkeit seines Tuns endlich in sein Bewußtsein dringt, in einen Zustand der Benommenheit zu versinken, in dem er unter unermeßlicher Müdigkeit und intensivem inneren Schmerz leidet.

Das Chaos dieser Reaktionen mündet schließlich darin, daß den Gefühlen durch Weinen Ausdruck verliehen wird, und von dem Moment an, da Tränen fließen, wird man von der Aufnahme einer Trauerarbeit sprechen können.

Depression

Allerdings muß die Einschränkung gemacht werden, daß nicht jeder bei einem Todesfall Tränen vergießt. So weinen Frauen durchschnittlich fünfmal so häufig wie Männer, was neben Gründen der gesellschaftlichen Akzeptanz auch einem biochemischen Faktor zugeschrieben wird. Dieser Hypothese zufolge produzieren Mädchen nach der Adoleszenz mehr an Prolaktin reiche Tränen – einem Hormon, das das Stillen fördert –, während sie bis zur Pubertät nicht häufiger weinen als Jungen.

Für die Trauerarbeit ist es überdies von zweitrangiger Bedeutung, in welcher Menge die Tränen fließen. Weitaus grundlegender scheint die Äußerung von Gefühlen zu sein, denn beispielsweise auch durch Schreie oder ruheloses Verhalten lassen sich Spannungen entladen, wobei hierzu einschränkend gesagt werden muß, daß der »mentale« Weg zur Artikulation von Verzweiflung erheblich wirksamer ist als ein bloß motorisches Ausagieren. Allerdings können diese Etappen durchaus zeitlich aufeinander folgen, weil der Zwang, den sich der einzelne selbst oder den ihm seine Umgebung auferlegt, zuweilen zu einer Verschiebung von Affekten führen kann.

Die wichtigste Etappe der Trauer ist erreicht, wenn mit der Rückkehr des Realitätsprinzips der reaktive depressive Zustand eintritt, der sich hauptsächlich in drei Bereichen auswirkt: dem somatischen, dem intellektuellen und dem affektiven.

Zu den somatischen Veränderungen zählt eine meist vorübergehende Unlust am Essen. Der Trauernde leidet unter starker Müdigkeit; er wirkt dadurch apathisch und zieht sich von seinen alltäglichen Beschäftigungen zurück, die plötzlich sinnlos zu sein scheinen. Hat er endlich Schlaf gefunden, was ihm trotz seiner Müdigkeit schwerfällt, verwirren ihn seine Träume, in denen er alles noch einmal durchlebt, und die zuweilen zum Alptraum geraten. Zwar sieht er die Toten als Lebende, doch verhindert irgendein Detail systematisch ein Zusammentreffen. Überhaupt werden in der Nacht der Verlust und die Einsamkeit am stärksten empfunden, vor allem wenn es sich bei dem Verstorbenen um den Lebensgefährten handelt. Empfindet der Trauernde in dieser Situation gar sexuelles Verlangen, führt das mitunter zu Schuldgefühlen.[6]

Die durch die Depression ausgelösten intellektuellen Veränderungen resultieren aus einer Schwächung der Erkenntnisleistungen, die mit nachlassender Aufmerksamkeit und Konzentration sowie mit dem Verlust des Kurzzeitgedächtnisses einhergeht, was die Isolierung des Trauernden verstärkt.

Die Störungen im affektiven Bereich sind gekennzeichnet durch eine triste Grundstimmung und eine erhöhte Sensibilität für alles, was auch nur entfernt an den Toten erinnert. Solche Übersensibilität führt dazu, daß der Trauernde schon beim geringsten Anlaß in Tränen ausbricht. Aus dieser Stimmung heraus kann er dann unvermittelt zu einem exaltierten Ausleben seiner Erinnerungen übergehen. Schuldgefühle, wenngleich weniger zerstörerisch als beim Melancholiker, veranlassen den Trauernden zu der Selbstbezichtigung, einen Unfall nicht verhütet oder einen verhängnisvollen Ausgang nicht vermieden zu haben. In dieser extremen Zurückgezogenheit auf sich selbst scheint der Betroffene sich in einer eigenen Welt zu befinden – meist noch gemeinsam mit dem Verstorbenen. Doch ist die Konzentration, die er in seiner Isoliertheit unter Beweis stellt, ein Hinweis auf die psychische Arbeit, die er vollbringt, um sich von seinem Objekt loszulösen, und ganz allmählich wird er alle Erinnerungen, alles gemeinsam Getane und Erlebte durchleben.

Eine Vielzahl innerer Prozesse ist notwendig, um die Ablösung zu schaffen, und Trauerarbeit kann nur dann erfolgreich sein, wenn keine dieser Etappen übersprungen wird.

Physischer Tod, psychologischer Tod

Um sich dem Lösungsprozeß zu widmen, gibt der Trauernde seine vertraute Welt auf, die ihm ohne den Verstorbenen dürftig und leer erscheint. Allerdings kann diese plötzliche Konfrontation mit sich selbst gefährlich sein, denn normale, aber ungewohnte Phänomene drohen die Realität derart zu stören, daß der Trauernde zuweilen an seinem Verstand zweifelt. Das Bild des Verstorbenen, das er klar und deutlich in seinem visuellen Gedächtnis bewahrt, läßt ihn gelegentlich an Halluzinationen glauben, und vorübergehend ist er gar davon überzeugt, die Stimme des Verstorbenen zu hören und seine Silhouette zu erkennen – der Glaube an Gespenster und Geister könnte in diesen Phänomenen übrigens seine konkreten Wurzeln haben.

All diese Episoden lösen mit jedem Mal einen größeren Schmerz aus, weil sie – durch Überprüfung der Realität – die Irreversibilität des Geschehenen immer deutlicher bestätigen. Der »psychologische Tod« eines Menschen dauert also viel länger als sein physisches Verschwinden, aber nur er kann bewirken, daß der Trauernde seine Vorstellung des Toten endlich abstrahiert, seine Vorzüge ebenso verinnerlicht wie seine Fehler. Wenn das Primat der Realität wieder akzeptiert wird, eröffnet sich auch die Möglichkeit neuer Bindungen.

Anpassung

Diese Periode beginnt in dem Augenblick, wenn der Trauernde sich mit seiner Rolle als Witwer oder Witwe identifiziert und seine neue Situation annimmt. Wie bereits erwähnt, wurde dieser Übergang früher durch festgelegte Trauerkleidung und andere Reglementierungen erleichtert, während die Integration sich heute für den Betroffenen wie für seine Umgebung weniger klar vollzieht. Der Trauernde, dessen depressive Periode verblaßt, ist einer Neuordnung zugänglich: Die Anhäufung der Fotos verschwindet, die Erinnerungsstücke werden sortiert, die persönlichen Gegenstände werden verschenkt, der Raum des Toten wird wieder von den Lebenden genutzt.

Die Zeichen der akuten Depression verflüchtigen sich, und die Zurückgezogenheit weicht einer Vitalität, die zu Unternehmungen, Begegnungen und Vergnügungen anreizt. Diese Begleitumstände hinterlassen gelegentlich einen Einidruck von Euphorie und Freiheit, was anfangs ein gewisses Schuldgefühl nach sich zieht und allmählich akzeptiert wird.

Die Rückkehr ins Leben führt auch zur Wahl neuer Liebesobjekte, was bisweilen zur Folge hat, daß der individuelle Wunsch in Gegensatz zu gesellschaftlichen Normen gerät, denn schon in Mythen und Religionen sind Gebote enthalten, eine neue Wahl nicht vorzeitig zu treffen. In manchen Kulturen sind die Zuwendung zu einem neuen Liebesobjekt und die Wiederverheiratung für eine relativ lange Zeit untersagt. Zumeist geht man von der ungeschriebenen Regel aus, daß nach einem Jahr der Trauer neue Beziehungen geknüpft werden dürfen.

Im übrigen bedeutet das Ende der normalen Trauer keineswegs Vergessen. Ein Rest an Erschütterung wird für immer bleiben – eine »Narbe«, die jeweils am Todestag besonders schmerzt. Zuweilen kann es zu diesen Terminen bei pathologischen Fällen zu Rückschlägen kommen. Eine vollständig durchlebte Trauer jedenfalls bewirkt immer eine Reifung des Betroffenen: Zwar wird er nie wieder sein wie vorher, doch hat er aus den vergangenen Prüfungen vielleicht eine emotionale wie intellektuelle Bereicherung ziehen können.

Im Januar 1920 starb Sophie, Freuds Tochter, an der Grippe, die damals Europa heimsuchte. Sie hinterließ zwei kleine Jungen und einen untröstlichen Ehemann. Freud, der kurz zuvor bereits einen seiner engsten Freunde und Patienten verloren hatte, schrieb am 27. Januar 1920 an Oscar Pfister: »Die unverhüllte Brutalität der Zeit drückt auf uns. Morgen wird sie eingeäschert, unser armes Sonntagskind! ... Ich arbeite, soviel ich kann, und bin für die Ablenkung dankbar. Der Verlust eines Kindes scheint eine schwere, narzißtische Kränkung; was Trauer ist, wird wohl erst nachkommen.«[7] Wenige Tage später, am 4. Februar, schrieb er in einem Brief an Sandor Ferenczi: »Da ich im tiefsten ungläubig bin, habe ich niemand zu beschuldigen und weiß, daß es keinen Ort gibt, wo man eine Klage anbringen kann. ›Des Dienstes ewig gleichgestellte Uhr‹ und ›des Daseins süße Gewohnheit‹ werden das Übrige tun, um alles im Gleichen weitergehen zu lassen. Ganz tief unten wittere ich das Gefühl einer tiefen, nicht verwindbaren narzißtischen Kränkung.«[8]

Die schmerzhafteste Trauer löste bei Freud jedoch nicht der Tod seiner Tochter aus – unmittelbar nach dem Ersten Weltkrieg war man noch stärker an solche Verluste gewöhnt –, sondern, Freuds Biographen Ernest Jones zufolge, der Tod von Sophies viereinhalbjährigem Sohn Heinz Rudolf, der drei Jahre später an Miliartuberkulose starb. Es war die einzige Gelegenheit, bei der man Freud je hat Tränen vergießen sehen; er selbst bewertete seine Situation anders als bei den vorherigen Verlusten. Einen Monat nach dem Tod des Enkels schrieb er am 18. Juli 1923 an Ferenczi, er leide an der ersten Depression in seinem Leben.[9] Offensichtlich ereignete sich der Tod Heinerles zu einer Zeit, als die bei Freud stets sehr gegenwärtige Todesangst in anderer Weise bereits Bestandteil der Realtität geworden war, denn einen Monat zuvor hatte er sich der ersten von dreiunddreißig Operationen unterziehen müssen, die durch Krebsgeschwulste im Kiefer notwendig wurden und unter denen er die letzten sechzehn Jahre seines Lebens entsetzlich leiden mußte.

Jahre später würde Freud erklären, dieser Tod sei ihm unerträglich gewesen und habe ihn viel stärker berührt als seine eigene tödliche Erkrankung. Er gestand gar ein, am Leben keine Freude mehr haben zu können. Was auch immer Freud auf seinen Enkel projiziert haben mag – dessen Verlust symbolisierte nicht nur seine ganze Ohnmacht, den Tod zu bekämpfen, sondern auch das Ende seiner Hoffungen, die Ungerechtigkeit des Lebens. Zwar sollte er bei den Prüfungen, die noch auf ihn warteten, aufs neue Mut beweisen, doch hatte dieser Tod ihn für immer geprägt, selbst wenn es ihm gelungen war, den erlittenen Verlust mit Hilfe seiner eigenen Theorien zu sublimieren.

Umgang mit einem chronisch Kranken

Thomas C. ist neunundfünfzig Jahre alt und im Vorruhestand, als man bei dem eingefleischten Raucher Lungenkrebs mit Lebermetastasen diagnostiziert. Gut informiert, unterzieht er sich einer Chemotherapie, die seinen Gesamtzustand erheblich verbessert und durch die seine hochgradige Atemnot gemildert wird. Ein Jahr lang folgen Monat für Monat Chemotherapien, wodurch sein normales Leben völlig auf den Kopf gestellt wird. Thomas flüchtet sich in zwanghafte Schutzmechanismen: Ständig ruft er im Labor an, um sich die Zahl seiner Blutkörperchen durchgeben zu lassen, und während seiner Krankenhausaufenthalte beschäftigt er sich in übertriebener Weise mit allen möglichen Details. Zimmer- oder Krankenschwesterwechsel müssen auf seinen Wunsch hin vorgenommen werden; das Einhalten der Zeitpläne gewinnt höchste Priorität; ein Arztwechsel ruft große Besorgnis hervor. Selbst die Intervention eines Psychologen wird in die zwanghaften Denkschemata eingepaßt: Es sei sein Auftrag gewesen, Psychologen zur Vervollständigung der Untersuchungen zu bestellen.

Als sein Zustand sich erneut verschlechtert, schaltet Thomas auf ein anderes Verhalten um. Er wird sehr vertrauensvoll, und dies ermöglicht der Familie wie dem Patienten, einen gewissen Abstand zum Krankenhaus zu gewinnen – leider nicht lange. Gehirnmetastasen treten auf und rufen schwere Gleichgewichtsstörungen, Verwirrung und Orientierungslosigkeit hervor. Da jedoch der Wunsch zu beherrschen auch in dieser Regressionszeit ein charakteristisches Merkmal des Patienten bleibt, geraten die täglichen psychologischen Gespräche zu wechselseitigen Porträtspielen. Dabei kommentiert Thomas das wegen seiner Unfähigkeit, sich etwas zu merken, notwendige Vorstellen stets mit der Bemerkung: »Natürlich, ich wußte das.« Selbst jetzt tut er so, als habe er seinen sehr realen Gedächtnisschwund nur simuliert.

Die Augenblicke der Hellsichtigkeit sind für diesen Patienten sehr schmerzlich, weil er sich dann seiner Lage, seiner totalen Handlungsunfähigkeit vollkommen bewußt ist. Seine Frau Hélène bringt in dieser Situation eine bewundernswerte Phantasie auf: Jeden Morgen versucht sie mittels Fotos, ihrem Mann seine vertraute Umgebung in Erinnerung zu rufen; sie kocht seine Lieblingsgerichte und wird bis ans Ende mit ihm sprechen – selbst während der achtundvierzig Stunden vor seinem Tod, in denen er, obwohl schon halb im Koma liegend, weiterhin sein Bedürfnis nach Zuneigung zeigt. Vor allem für sie ist es schwer gewesen, in diesem fremden Rahmen über einen langen Zeitraum ein so hohes Maß an Fürsorge aufzubringen. Folglich gelten ihr auch die Bemühungen des gesamten Pflegepersonals, das bestrebt ist, ihr nach einem Jahr der Hoffnungen und Enttäuschungen bei der Bewältigung des bevorstehenden Todes ein wenig zu helfen.

Hélène hat alle Schwankungen der chronischen Trauer erfahren: Ihr Mann ist noch nicht gestorben, wird aber »wahrscheinlich bald sterben«. Am Tag nach dieser Aussage geht es Thomas viel besser und bedrängt seine Frau, an seine Heilung zu glauben. Solchermaßen wird sie ständig hin- und hergerissen zwischen den Gedanken an ihre zukünftige Witwenrolle und der Realität einer Ehefrau, die ihre Tage am Bett des schwerkranken Mannes im Krankenhaus verbringt. Sie ist zeitweise niedergeschlagen und verfällt, als Schwierigkeiten mit ihren Kindern hinzukommen, in eine Depression, an deren Ende sie begreift, daß sie versuchen muß, wenigstens in einem minimalen Rahmen wieder ein eigenes Leben zu führen. In einem Gespräch beschreibt sie ihren Ehemann als äußerst autoritär. Wäre er bei Bewußtsein, würde er ihr beispielsweise nicht erlauben, für einen Teil des Nachmittags das Zimmer zu verlassen. Hélène bleibt von diesem vordem mächtigen Ehemann gefangen, obwohl dessen Bild sich beträchtlich verändert hat.

Als das Ende absehbar wird, befaßt sich Hélène mit dem Problem der Beerdigung, fragt sich besorgt, wie sie ertragen wird, auf den Friedhof zu gehen, der in der Nähe ihres Hauses liegt. Sie wagt jedoch nicht, ihre Probleme mit ihren Kindern zu besprechen; sie hat Angst, sie mit einem voreiligen Vorgehen zu schockieren. Die Schuldgefühle machen Hélène sprachlos. Eine gewisse Erleichterung bedeutet es für sie, als sie ihre Wünsche hinsichtlich der Lage der Grabstätte artikuliert oder Spekulationen darüber anstellt, wie ihr Leben »danach« aussehen wird. Nach diesem Gespräch fühlt sie sich von Spannungen befreit und kann sogar die diensthabenden Schwestern darum bitten, sie am Bett ihres Mannes abzulösen, damit sie einen Nachmittag lang ein wenig Zeit für sich selbst hat. Natürlich ist ihr die Zusicherung wichtig, daß sie zu jeder Tages- und Nachtzeit über eine Verschlechterung des Zustands informiert wird. Die letzten achtundvierzig Stunden wechselt sie sich mit ihren Kindern bei der Wache ab. In diesen langen Stunden der Agonie schließen sich in regelmäßigen Abständen Schwestern und Psychologen den Familienangehörigen an, um mit ihnen zu reden. Obgleich die Gespräche nicht anders sind, als wäre Thomas bei Bewußtsein, wird kein Hehl daraus gemacht, daß es sich jetzt um eine Sterbebegleitung handelt.

Als Thomas gegen Ende des Vormittags stirbt, finden wir zwar eine in Tränen aufgelöste, dabei aber relativ gelassene Familie vor. Die Müdigkeit ist immens, die Niedergeschlagenheit auch, als sich Hélène und ihre Kinder an ihre Ankunft auf der Station vor einem Jahr erinnern. Der Abschied von Thomas verläuft jedoch einigermaßen ruhig, was wohl daran liegt, daß die Trauerarbeit bereits vor längerer Zeit begonnen hat. Die ganze Familie verabschiedet sich vom Krankenhauspersonal und bedankt sich für seine Fürsorge. Einige Wochen später ruft Hélène an, um vom Verlauf der Beerdigung und von ihrer Rückkehr in ihre Pariser Wohnung zu berichten. Wir sind einigermaßen beruhigt, denn wir hatten befürchtet, sie würde sich entscheiden, aufs Land zu ziehen, neben den Friedhof – in eine Gegend, in der sie nie wirklich heimisch war, wo nur ihr Mann wegen seiner Freizeithobbys Bindungen hatte. Hélènes Depression ist zwar noch intensiv, birgt aber nicht mehr die Gefahr des Rückzugs in sich. Ihr Schuldgefühl bleibt darauf beschränkt, daß sie sich vorwirft, mit Thomas nie eine wirkliche Einheit gebildet zu haben. Daraus ergibt sich indes eine günstige Prognose für Hélène: Sie wird die Einsamkeit besser ertragen als jemand, der in keiner Weise unabhängig vom Partner war. In solchen Fällen kann die Trauer leicht pathologisch werden.

Die Trauer und ihre Symptome

Eine nahezu erschöpfende Übersicht über die verschiedenen Symptome, denen man bei einer normalen Trauer begegnet, läßt sich unschwer erstellen. Zugrunde liegen Beobachtungen zahlreicher Autoren, darunter die von E. Lindemann, der mehrere Gruppen von Trauernden untersuchte. Seine bekannteste Längsschnittuntersuchung bezieht sich auf eine Personengruppe, die 1942 den Brand des Coconut Grove, eines bekannten Tanzlokals in Boston, überlebte. Damals kamen 491 Menschen ums Leben; unter den Überlebenden waren Jugendliche, die schwerste Verbrennungen und ein schwerwiegendes Trauma erlitten oder die einen Freund, einen Verwandten in den Flammen verloren hatten. Andere Autoren, deren Erkenntnisse hier teilweise übernommen werden, haben zur Erweiterung dieser Übersicht beigetragen.[10]

Symptome	Beschreibungen
A. Affektive Symptome	
Depression	Gefühle von Traurigkeit; von seelischem Schmerz begleitete Dysphonie; gelegentliche, von äußeren Ereignissen ausgelöste Phasen starker Depression; Verzweiflung und Jammern dominieren.
Angst	Ängste; Spannungen; Furcht vor dem »Nervenzusammenbruch«; Angst zu sterben; Angst, ohne den Toten nicht leben zu können; Angst vor der Einsamkeit, vor finanziellen Problemen und anderen Dingen, die früher der Verstorbene geregelt hat.
Schuldgefühl	Selbstanklage und Selbstbezichtigung hinsichtlich der Todesumstände, vor allem in der Zeit vor dem Tod (Selbstvorwurf, ihn nicht verhindert zu haben); Schuldgefühle gegenüber dem Partner, ihn nicht geliebt, ihn nicht geschützt, keine anderen Entscheidungen getroffen zu haben.
Wut und Feindseligkeit	Gereiztheit gegenüber Familie und Freunden, denen es an Verständnis und Wertschätzung dem Verstorbenen gegenüber zu mangeln scheint; Hadern mit dem Schicksal; Zorn gegen den Verstorbenen, der den Trauernden allein gelassen hat, ohne sich um die Folgen der Verlassenheit zu kümmern, und gegen die Ärzte.
Anhedonie	Verlust der Freude am Essen, an Hobbys, an gesellschaftlichen und familiären Ereignissen sowie an allen Aktivitäten, an denen der Verstorbene teilnahm – ein Gefühl, daß ohne ihn nichts mehr schön ist.

Einsamkeit	Empfindung, alleine zu sein, selbst in Anwesenheit anderer; intensive Empfindung in den Momenten, in denen der andere besonders zur Verfügung stand wie an Abenden, Wochenenden und bei besonderen Ereignissen.

B. Verhaltensweisen

Unruhe	Spannung; Unfähigkeit, Ruhe zu finden; Überaktivität; aktive Suche nach dem Verstorbenen; Wankelmütigkeit der Handlungen.
Müdigkeit	Reduzierung des allgemeinen Aktivitätengrads (gelegentlich von Unruheanfällen unterbrochen); Sprech- und Denkschwierigkeiten; allgemeiner Verdruß.
Tränen	Tränen und feuchte Augen; allgemeiner Ausdruck von Traurigkeit durch müden Blick und heruntergezogene Mundwinkel.

C. Einstellungen zu sich selbst, zum Verstorbenen und zur Umgebung

Selbstvorwurf	Schuldgefühle; schlechte Meinung von sich selbst; Gefühle von Versagen, von Schuld, von Unfähigkeit und Selbstverachtung; Gefühl von Hoffnungslosigkeit und der Unmöglichkeit, geliebt zu werden; Pessimismus hinsichtlich der gegenwärtigen und künftigen Verluste; Verlust eines Lebensziels; Todes- und Selbstmordwunsch.
Verlust des Realitätssinns	Gefühl, »nicht anwesend zu sein«, »die Dinge von außen zu betrachten«; Gefühl, daß die Ereignisse nicht einem selbst, sondern jemand anderem widerfahren.

Mißtrauen	Zweifel, ob Hilfe und Ratschläge wirklich gut gemeint sind.
Zwischenmenschliche Probleme	Schwierigkeiten, die sozialen Beziehungen aufrechtzuerhalten; Ablehnung der Freunde; Rückzug aus dem normalen Lebensablauf.
Haltung dem Verstorbenen gegenüber	Revolte; Suche; intensives Wehklagen; Imitation des Verstorbenen und Verfolgen seiner Interessen; Idealisierung des Toten, wobei positive und negative Gefühle wechseln; häufig sehr lebhafte, beinahe halluzinatorische Vorstellungen.
Symptome physischer Identifikation	Gleichartigkeit der feststellbaren Symptome mit denen des Verstorbenen, besonders in der letzten Krankheitsphase (beispielsweise Herzklopfen, wenn ein Infarkt den Tod ausgelöst hat); der Trauernde kann zuweilen davon überzeugt sein, dieselbe Krankheit wie der Verstorbene zu haben.
Veränderung der Medikamenteneinnahme Besondere Krankheitsneigung	Erhöhter Konsum von Beruhigungsmitteln, Alkohol, Nikotin. Erhöhte Anfälligkeit gegenüber einer mit Immunschwäche verbundenen Infektionskrankheit, aber beispielsweise auch gegenüber Krebs und Tuberkulose sowie gegenüber allen durch Streß bedingten Erkrankungen wie Herz- und Hautkrankheiten.
D. Intellektuelle Veränderung	Retardiertes Denken und Gedächtnisschwäche; Müdigkeit.

E. Physiologische Veränderungen und körperliches Leiden	
Appetitverlust	Gelegentlich ins Gegenteil umschlagend; Gewichtsschwankungen – gelegentlich erheblicher Gewichtsverlust.
Schlafstörungen	Meistens Schlaflosigkeit, zuweilen Übermüdung; Störungen des biologischen Tag-Nacht-Zyklus; Energieverlust; Müdigkeit.
Körperliche Leiden	Kopfschmerzen; Halsschmerzen; Rückenschmerzen; Muskelkrämpfe; Übelkeit; Erbrechen; säuerlicher Mundgeschmack; trockener Mund; Verstopfung; Sodbrennen, Magenverstimmung; Blähungen; Sehstörungen; Schmerzen beim Harnlassen; Atemnot; Stöhnen; flaues Gefühl in der Magengegend; Muskelschwäche; Zuckungen; Zittern; Haarausfall.

Komplikationen und psychiatrische Aspekte der Trauer

Freud war es, der als erster erkannt hat, welche Bedeutung den pathologischen Aspekten der Trauer zukommt. Jedoch befaßte er sich nicht eingehender mit diesen Fragen, sondern überließ anderen Psychoanalytikern wie Abraham, Bowlby, Deutsch oder Hanus das Feld, die sich dann auf dem Gebiet der Sozialpsychiatrie einen Namen machten. In jüngerer Zeit wurden bei Untersuchungen zur Trauer vor allem Erkenntnisse der Streßforschung berücksichtigt, und Trauer ist zum Interessenschwerpunkt der experimentellen Psychologie und der Physiologie geworden.

Zwischen diesen verschiedenen Blickwinkeln besteht meiner Ansicht nach keine Kluft. Daß die Deutungen voneinander abweichen, liegt weniger an der Natur der Veränderung (Streß oder Objektverlust) als an den Möglichkeiten des Subjektes, sich aufgrund seiner Persönlichkeitsstruktur, seiner Fähigkeit zur Bewußtmachung und aufgrund der Umwelteinflüsse dem Prozeß der Veränderung auszusetzen. Rosine Debray hat diese Mentalisierung als die Fähigkeit bezeichnet, die das Subjekt besitzt, die innerpsychische Angst und die zwischenmenschlichen und innerpsychischen Konflikte zu tolerieren bzw. zu behandeln oder gar zu verhandeln. Letztlich, schreibt sie, gehe es darum abzuschätzen, welche Art psychischer Arbeit angesichts der Ängste, der Depression und der dem Leben innewohnenden Konflikte realisierbar ist.[11] Allein die geistige Verarbeitung des Ereignisses wird es dem Trauernden ermöglichen, sein Gleichgewicht wiederzufinden. Er muß die durch den Verlust ausgelöste Todesangst ertragen, die Konflikte erneut durchleben und gelegentlich den Regressionen nachgeben, die zur Minderung der Spannungen nötig sind – nur so ist es möglich, nach dem Schock körperlich und seelisch zu gesunden. Allerdings ist diese Fähigkeit zur Reorganisation seltener, als gemeinhin angenommen wird.

Bleibt solche Bewältigung aus, spricht man von komplizierter oder pathologischer Trauer. Im ersten Fall hat man es zwar mit einem ungewöhnlichen, häufig aus dem normalen zeitlichen Rahmen fallenden Verlauf zu tun, doch fehlen charakteristische Zeichen einer mentalen Krankheit. Die eigentliche »pathologische« Trauer dagegen hat eine ernsthafte Veränderung des Geisteszustandes zur Folge: Dekompensation einer neurotischen oder psychotischen Persönlichkeit (psychiatrische Trauer), Herausbildung eines für den Betroffenen selbst wie für seine Umgebung gefährdendes Verhalten.

Die komplizierte Trauer

Aufgeschobene Trauer

Wenn die Realität des Verlustes geleugnet wird, führt das dazu, daß beim Hinterbliebenen keinerlei Veränderung seiner Lebensweise erkennbar wird. Er unterbricht kaum seine Arbeit, um seinen Toten zu beerdigen, und suggeriert sich auf beinahe halluzinatorische Weise, daß dieser immer noch anwesend, daß nichts geschehen sei.

Ein 1990 von Bertrand van Effenterre produzierter Film, *Tumultes*, hat eindrücklich ein Beispiel für solch aufgeschobene Trauer in Szene gesetzt: Eine Frau, die vom plötzlichen Tod ihres Sohnes erfährt, leugnet zur großen Überraschung ihrer drei Töchter dieses Ereignis und drängt auf wahnhafte Weise diese Verneinung der ganzen Familie auf – sie deckt den Tisch, als sei der Sohn noch da, sie bereitet seine Lieblingsdesserts zu. Erst als sie von ihren Töchtern erfährt, daß es sich um Selbstmord handelte, kehrt sie zur Wirklichkeit zurück. Der Film zeigt deutlich, daß ambivalente Gefühle in der Trauer eine pathogene Funktion erhalten können: Die Mutter konnte die

Unabhängigkeit des erwachsenen Sohnes, der sie verlassen hatte, um in einer anderen Gemeinschaft zu leben, nie akzeptieren; sie empfand gegen ihn eine heftige Feindseligkeit, die sie vor ihren Töchtern und ihrem Mann verbarg. Erst das Wissen um den Selbstmord legte die Konflikte offen, die in dieser scheinbar harmonischen Familie hinter der Fassade verborgen waren. In dem Moment, als die Mutter sich ihre Aggressivität dem Sohn gegenüber eingestand, als der Schleier der Lüge gelüftet wurde, konnte die Trauer beginnen.

Gehemmte Trauer

Ein anderer Fall liegt vor, wenn der Verlust nicht geleugnet wird, es gleichzeitig aber zu einer Ablehnung der damit verbundenen Emotionen und des Schmerzes kommt. Tauchen dann plötzlich, gelegentlich auf schwer verständliche Weise, anläßlich einer bewußten oder unbewußten Erinnerung an den geliebten Menschen die mehr oder weniger lange nicht geäußerten Affekte wieder auf, wird der Trauerprozeß ausgelöst.

Im Rahmen der psychotherapeutischen Betreuung der armenischen Erdbebenopfer im Dezember 1988 kam ein Kind in unsere Obhut, das Anzeichen von gehemmter Trauer zeigte.[12] Der neunjährige Arène hatte beim teilweisen Einsturz seines Wohnhauses in Kirowakan seinen Vater verloren. Er saß in der Schule, als kurz vor Mittag innerhalb weniger Sekunden fünfundzwanzigtausend Menschen durch das Erdbeben ihr Leben verloren. In der allgemein ausbrechenden Panik wird der Junge von seinem Lehrer gerettet. Seine Mutter überlebt die Katastrophe in einem nahegelegenen Betrieb. Sie erfährt auf dem Nachhauseweg, daß ihr Mann, der Urlaub hat, in der Wohnung umgekommen ist. In ihrer tiefen Niedergeschlagenheit und Verzweiflung ist sie sofort bereit, ihren Sohn in eine sogenannte Ferienkolonie nach Odessa zu schicken. Hier bleibt Arène vier Monate.

Wie die meisten Betroffenen muß auch Arène nach seiner

Rückkehr mit seiner Mutter und der kleinen Schwester in eine Notunterkunft ziehen – ein winziges Zimmer, das zu dem Häuserblock gehört, in dem sich ihre frühere Wohnung befand. Er hat also seine alte Umgebung ständig vor Augen. Weil Arène, als er vom Tod seines Vaters erfährt, keinerlei Reaktionen zeigt, wendet die Mutter sich im August 1989 an die Mitarbeiter des Psychosomatischen Instituts der Universitätsklinik Paris, die zu jener Zeit im Erdbebengebiet tätig sind. Arènes Verhalten ist seit seiner Rückkehr verändert – er ist jähzornig, will zu Hause alles bestimmen, wird schnell unruhig, hat Schlafstörungen. Als seine Mutter ihn zum Grab seines Vaters führt, weint er nicht, scheint eher gleichgültig und vernunftorientiert. Er sagt zu seiner Mutter: »Mach dir keine Sorgen, wir haben nur ein Mitglied unserer Familie verloren, du wirst wieder arbeiten gehen, wir werden es schaffen...«

Während der Sitzung zeigt sich das Kind wenig gesprächsbereit. Offensichtlich gelingt es ihm nicht, die Energie zu kanalisieren, die sich in pausenloser Bewegung ausdrückt. Auch hat es große Mühe, Psychologen und Dolmetscher anzuschauen. Als man den Jungen dann bittet, eine Zeichnung anzufertigen, wird er ruhiger und macht sich mit großem Eifer an die Arbeit. Da er seine Mutter und seinen Vater ganz selbstverständlich erwähnt hat, schlagen wir ihm vor, eine Familie zu malen. Er wirkt weder überrascht noch verwirrt, doch seine Zeichnung besteht am Ende lediglich aus einem Wohnblock mit Fernsehantennen und breiten Fenstern. Nicht einen einzigen Menschen hat der Junge gemalt; lediglich eine auf die Wand eines Schuppens gekritzelte Gestalt ist zu erkennen. Als wir Arène fragen, wo denn die Familie geblieben sei, deutet er auf ein kleines Fenster auf der linken Seite und erwidert: »Sie sind hinter dem Fenster.« Als wir ihn auf die Figur an der Schuppenwand ansprechen, zögert Arène. Schließlich erklärt er, das sei er selbst als kleiner Junge, damals habe er in einer Hütte gespielt. Ob er heute noch dort spiele, wollen wir wissen. Nein, das sei jetzt vorbei; jetzt sei er groß. Daraufhin fragen wir ihn, ob er glaubt, seit dem Tod seines Vaters größer, vielleicht sogar erwachsener geworden zu sein.

Arène bejaht: Seine Mutter weine häufig, vernachlässige die Einkäufe wie den Haushalt, und er müsse sich um all diese Sachen kümmern. Nachts überfallen ihn drängende Sorgen. Arènes Probleme resultieren aus seinem Unvermögen, seiner Mutter zu helfen und ihr den Mann zu ersetzen. Während in seinem Alter normalerweise die auf den andersgeschlechtlichen Elternteil gerichtete libidinöse Energie zugunsten der schulischen Leistungen abgelenkt wird, tauchen bei Arène die ödipalen Gedanken durch den Tod seines Vaters wieder auf. Seine Wünsche, ihn zu ersetzen, sind normal. Sie charakterisieren die ambivalenten Gefühle eines Sohnes dem Vater gegenüber: Einerseits identifiziert er sich mit ihm, um erwachsen zu werden und Frauen erobern zu können; andererseits hegt er den Wunsch, den Vater zu beseitigen, um über die einzige Frau, die bislang von Bedeutung war – die Mutter –, unmittelbar verfügen zu können.

Arène hat sich von der Schule sowie von allen Unternehmungen seiner Altersgenossen vollkommen zurückgezogen. Entweder bleibt er allein, oder er wacht über seine Mutter und seine kleine Schwester. Seine Träume haben nach wie vor das Erdbeben sowie seine neu entfachten ödipalen Wünsche zum Gegenstand. Er erzählt, daß er zusammen mit einem anderen Kind in der Schule von einem »großen Mann« verfolgt wird, was vermutlich als Anspielung auf die väterliche Bestrafung zu verstehen ist. Um uns zu beruhigen, betont er, daß es ihm jedesmal gelänge zu entwischen... Die ständige Wiederkehr seines Angsttraums weist auf den unbewußten Versuch hin, das Trauma zu bewältigen. Im übrigen weist die Anwesenheit von zwei Menschen unterschiedlichen Alters in diesem Traum auf Identifikationsschwierigkeiten Arènes hin, der zwischen dem Wunsch nach Ähnlichkeit – der Angst vor dem »großen Mann« – und der Suche nach Unterstützung schwankt, um dieses Erleben mit einem Gleichaltrigen zu teilen. Als wir Arène seine Alpträume erklären, bietet er uns an, seine Familie zu zeichnen, wobei seine Freude an dieser Aufgabe an der Qualität der Ausführung abzulesen ist. Der Vater befindet sich sichtbar neben der Mutter, während die beiden Kinder deutliche Attribute ihres Alters und ihres Geschlechts aufweisen – ein Ball für den Jungen, einen Puppenwagen für das Mädchen. Arène legt Wert darauf, zu betonen, es handle sich um seine Familie vor der Katastrophe. Der Kontrast zwischen den beiden Zeichnungen ist in der Tat beeindruckend. Während die erste zweifarbig, in Schwarz und Violett gehalten war und ein äußerst tristes geometrisches Gebilde darstellte, handelt es sich bei der zweiten um eine bunte und heitere Kinderzeichnung.

Mit Hilfe der Sitzungen kann Arène innerhalb der Familie wieder einen normalen Platz einnehmen, der seinem Alter entspricht, und auch sein Interesse an der Schule wird wieder geweckt. Da der Mutter bei der Bewältigung ihrer Trauer ebenfalls geholfen wird, kann ihr Sohn seine Gefühlshemmung überwinden und seine Ängste vermindern.

Chronische Trauer

Beispielhaft für diese Form der Trauer, die endlos fortgesetzt wird, steht die englische Königin Victoria, die ihr ganzes, überaus langes Leben um den frühverstorbenen Prinzgemahl Albert trauerte, von dem sie zwar gefühlsmäßig sehr abhängig war, dem sie jedoch gleichwohl gerne ihre Macht demonstrierte. Nach seinem Tod idealisierte sie ihn als einen Ausbund an Tugend. Stets schwarz gekleidet, verreiste sie nie ohne ein Foto des Prinzen, das sie, mit einem Strohblumenkranz versehen, über ihrem Bett anbrachte. Jede negative Kritik wurde als Blasphemie betrachtet und zog königliche Ungnade nach sich. Von einem von der Etikette vorgegebenen theatralischen Aspekt einmal abgesehen, war die latente Aggressivität der Königin gegenüber ihrem Gatten, der zwar Prinzgemahl, aber gleichzeitig Konkurrent war, offensichtlich. Das Schuldgefühl ihm gegenüber und vermutlich ebenso gegenüber jedem anderen Mann, den sie im Fall einer Wiederheirat ganz bestimmt nicht hätte mitregieren lassen, ist eine interessante Hypothese. Von einer konservativen und nach Stabilität gierenden Gesellschaft in ihrer Witwenrolle bestärkt, hatte Victoria zweifellos ihre Trauer nie beenden können.

Diese drei beschriebenen Typen komplizierter Trauer werden durch einen veränderten zeitlichen Ablauf oder durch eine Intensivierung der normalen Phänomene gekennzeichnet. Eine Gefahr besteht darin, daß die Phase der Verleugnung andauert und schließlich in eine wahnhafte Vorstellung einmündet. Nicht minder gefährlich ist die Ambivalenz – sie kann, je nach Intensität, zur Fixierung der Trauer auf eine bestimmte Phase oder zum Selbstmord führen.

Ambivalenz und Aggressivität

Exzessive Aggressivität und Auflehnung gegenüber dem Verstorbenen sind Ausdruck dafür, in welchem Maß schon zu Lebzeiten ambivalente Gefühle vorherrschten. Die frühere Feindseligkeit drückt sich jetzt in Form eines starken Schuldgefühls aus, das die Trauer lange blockieren und ernsthafte Komplikationen auslösen kann. Die Aggressivität selbst wird nach außen projiziert, indem Kritik und Vorwürfe an das Umfeld des Verstorbenen gerichtet werden.

Das Pflegepersonal, das einen Patienten bis ans Ende begleitet hat, kennt solche Fälle, wenn plötzlich seitens der Familie ungerechtfertigte Vorwürfe laut werden. Manchmal allerdings stößt solche Feindseligkeit auf eine ähnliche Gefühlslage beim Pflegepersonal. Wenn nämlich der Tod als medizinisches Scheitern betrachtet wird, kann es zu einer Ablehnung des Patienten kommen, weil das Pflegepersonal dessen Tod mit dem eigenen Unvermögen assoziiert.

Wird die Aggressivität – was gelegentlich vorkommt – auf den Trauernden selbst gelenkt, haben wir es mit einer Komplikation der depressiven Trauerphase zu tun. Es kann zur irreversiblen Isolation kommen, zum Verlust der sozialen Orientierungspunkte, zum Abdriften an den Rand der Gesellschaft. Mißlungene Selbstmordversuche steigern die Depression und die

Selbstvernachlässigung; sie führen zu physischen Störungen und Erkrankungen.

Das Endresultat einer komplizierten Trauer ist also ziemlich kläglich. Die lange Trauerzeit wird mit sozialem Rückzug und Einbußen an Lebensqualität bezahlt; die früheren geistigen und körperlichen Fähigkeiten sind für den Trauenden in unerreichbare Ferne gerückt. Es scheint, daß er aus dieser schwierigen Zeit, die normalerweise zu einer gewissen Reifung der Persönlichkeit führen müßte, keinerlei Nutzen ziehen kann.

Um eine solche Situation erst gar nicht aufkommen zu lassen, sollten im Trauerfall einige Faktoren berücksichtigt werden:

Der Charakter der Beziehung zwischen Trauerndem und Verstorbenem: Die Trauer ist um so schwieriger, wenn sie sich auf ein ödipales Objekt bezieht – bei Männern Mutter oder Tochter, bei Frauen Vater oder Sohn.

Das Alter des Verstorbenen: Die Trauer ist schmerzlicher, wenn der Verstorbene jung starb. Frühes Sterben scheint Schuld- und Ungerechtigkeitsgefühle sowie ein Gefühl des Anomalen zu fördern.

Die Umstände des Verlustes: Je unerwarteter der Verlust ist, desto eher droht die Trauer sich zu komplizieren.

Die psychiatrische Trauer

Bei dieser Form der Trauer, die mit der gängigen mentalen Pathologie übereinstimmt, gehen die meisten Autoren davon aus, daß narzißtische Persönlichkeiten hier eine spezielle Prädisposition an den Tag legen. Solche Menschen reagieren besonders empfindlich auf den Verlust von Liebesobjekten und antworten häufig mit Depressionen. Allerdings wurde bei keinem Patienten mit psychiatrischer Trauer je zuvor irgendeine Störung beobachtet. Erst durch die Trauer gerieten sie aus dem Gleichgewicht und zeigten Krankheitssymptome.

Melancholische Trauer

Freud hat die Auffassung vertreten, daß der wesentliche Unterschied zwischen Trauer und Melancholie in der Entwertung des Ichs bestehe, die in der Melancholie extreme Formen annimmt. Diese These wurde in jüngster Zeit differenziert, indem man ein gewisses Schuldgefühl auch innerhalb der normalen Trauer als gegeben ansieht. Der mit den ambivalenten Gefühlen verbundene Konflikt hingegen scheint tatsächlich für den Übergang zur Melancholie verantwortlich zu sein.

Dieses simultane Vorhandensein von Liebes- und Haßgefühlen, das unbewußte Wünsche nach dem Tod des Liebesobjekts auslöst, zieht einerseits eine Idealisierung des Verstorbenen und andererseits aggressive Selbstvorwürfe nach sich. Für denjenigen, der in seinem Selbstwertgefühl getroffen ist, weil der Verlust des Objekts auf den Verlust des Ichs verweist, wird der Selbstmord zur einzigen Lösung. Der melancholisch Trauernde glaubt, daß er deshalb verlassen wurde, weil er nicht gut genug war, die verlorene Bezugsperson zu halten und zu lieben. Trauer und Melancholie treffen hier zusammen, um zu ein und demselben Ergebnis zu führen – die Trauer um das Objekt ist eigentlich nur Katalysator für eine latente melancholische Dekompensation.

Manische Trauer

Bei dieser relativ seltenen Erscheinungsform der Trauer handelt es sich um einen Zustand psychischer und motorischer Erregung, um eine Übersteigerung der Stimmung und eine morbide Euphorie, die häufig von depressiven Phasen oder Melancholie abgelöst werden, wobei zwischen dem Verlust und der manischen Reaktion eine Latenzzeit besteht. Häufig wird der Verlust geleugnet, und ist der Anfall beendet, folgt immer eine melancholische Phase, denn der Stimmungsumschwung vollzieht sich schlagartig und systematisch.

Die manische Trauer besteht darin, die einigenden Bindungen zwischen Subjekt und Objekt zu leugnen. Diese Negierung schlägt häufig in Feindseligkeit und Aggressivität um. Kann die Realität nicht länger verneint werden, entwickelt sich aus dem manischen Anfall eine ernsthafte Depression.

Hysterie in der Trauer

Die Realität nach einem erlittenen Verlust markiert einen brutalen Einbruch in die gewöhnlichen Phantasien des Hysterikers, indem das Verschwinden des Liebesobjekts schonungslos offengelegt wird. Da die Verleugnung nicht zu seinem bevorzugten Vorgehen gehört, neigt der Hysteriker dazu, das Bild des Verstorbenen zu kultivieren. In Erinnerungen, Phantasien und Träumen hält er die Fiktion aufrecht, daß der Tote noch da ist, und er bemüht sich, durch Identifikation sein Objekt zu verinnerlichen. Dieser Prozeß erstreckt sich sowohl auf die physischen Merkmale des Verstorbenen als auch auf seine Verhaltensweisen. Selbst die dem Tod vorausgegangenen Krankheitssymptome eignet sich der Hysteriker an und verlegt damit die unbewältigten Erlebnisse in den körperlichen Bereich. Meistens handelt es sich dabei um somatische Symptome, die für den Betroffenen symbolische Bedeutung haben.

Neben diese Identifikation durch Nacherleben treten jedoch wachsende Schuldgefühle, die durch eine dem Verstorbenen gegenüber gehegte, mehr oder weniger bewußte Aggressivität erzeugt werden und die gelegentlich eine bis zum Selbstmord gehende Bestrafung nach sich ziehen können. Allerdings kommen Identifikationsphänomene auch im normalen Trauerverlauf sehr häufig vor und führen keineswegs regelmäßig zu einer hysterischen Dekompensation. So stellen sich nach einem Tod durch Infarkt bevorzugt Anomalien des Herzrhythmus ein; nach einem Schlaganfall leiden Trauernde bisweilen unter Lähmungserscheinungen, und generell werden Schmerzen an jenen Körperpartien empfunden, die an den Krankheitsherd des Verstorbenen erinnern. Für einen Menschen, der das Gefühl der Verlassenheit nicht ertragen kann, stellt der Selbstmord eine Versuchung dar. Jeder Verlust läßt ihn das erste affektive Scheitern – das der ödipalen Liebe – neu durchleben. Michel Hanus hat die Hysterie als solche deshalb eine »pathologische ödipale Trauer«[13] genannt. Jede Trauer löst folglich erneut und verstärkt Depressionen oder ihre stellvertretenden Symptome aus.

Ariane, siebzig Jahre alt, liegt mit Herzstörungen im Krankenhaus, nachdem eine Gefäßschwäche sich unlängst verschlimmert hat. In Tränen aufgelöst, ist sie beinahe vollkommen von einem Monitor verdeckt, der die geringsten Anomalien ihres Herzrhythmus aufzeichnet. Ihr Weinen wird heftiger, wenn sie von ihrer Angst spricht, hier zu sein, während ihr Mann in einem anderen Krankenhaus im Sterben liegt. Arianes Ehemann leidet an Krebs im Endstadium sowie an einer neurologischen Erkrankung und wurde wegen schwerer Orientierungsstörungen vor sechs Monaten eingewiesen. Ihren Vater verlor Ariane mit fünf Jahren; sie erinnert sich an ihn als an einen sehr schönen Mann, den jeder liebte. Sie war sehr jung, sechzehn erst, als sie zu Kriegsbeginn zum erstenmal heiratete. Unglücklicherweise kam ihr erster Mann bei einem Unfall hinter der Front völlig »sinnlos«, wie sie sagt, ums Lebens.

Die Trauer machte Ariane buchstäblich sprachlos; in einem Zustand der vollkommenen Geistesabwesenheit flüchtete sie mit vielen anderen vor den deutschen Truppen irgendwohin. Offensichtlich entwickelte sie damals eine verdeckte Depression – nicht nur, weil die affektiven Symptome beiseite gedrängt wurden, sondern auch weil die Kriegsereignisse die individuellen Probleme überlagerten und weniger wichtig erscheinen ließen. Ariane litt unter Appetitlosigkeit und einer psychischen Hemmung; zudem zog sie sich eine schwere Erkrankung der Atemwege zu und mußte mehrere Monate in einem Sanatorium verbringen. Ihre familiären Bindungen schien sie verloren zu haben, und sie hatte jede intellektuelle Beschäftigung aufgegeben.

Anläßlich ihres Krankenhausaufenthaltes lernte sie einen we-

sentlich älteren Mann kennen, der ihr schon bald einen Heiratsantrag machte. Diese zweite Ehe verläuft ziemlich glücklich.
Ariane bekommt drei Kinder, obwohl die sexuellen Beziehungen aufgrund der Impotenz ihres Mannes bald zum Erliegen
kommen. Daß sie sich einen Liebhaber anschafft, rechtfertigt sie
damit, daß ihr das »nach all diesem Unglück...« zusteht.
Trotzdem ist sie ihrem Ehemann weiterhin sehr verbunden, und
er verhält sich seiner jungen Frau gegenüber fürsorglich wie ein
Vater. Wenig Toleranz zeigt Ariane indes hinsichtlich eines ihrer
Söhne und akzeptiert nur mit Mühe die künftige Schwiegertochter.

Nach ihrer Entlassung aus dem Krankenhaus kümmert
Ariane sich rührend um ihren Mann. Jedoch ist die Situation
weit davon entfernt, einfach zu sein: Sie empfindet ihrem Mann
gegenüber heftige Schuldgefühle, weil sie und ihr Liebhaber
nunmehr ungestört sind, und durchlebt zudem angesichts des
erwarteten Todes aufs neue den Verlust erst des Vaters und dann
ihres ersten Mannes. Als Arianes psychische Verfassung sich im
Verlauf der Sitzungen bessert, fährt sie in Urlaub. Nach ihrer
Rückkehr teilt sie mit, daß es ihr so gut gehe, daß zu einer
Fortsetzung der Gespräche keine Veranlassung bestehe. Wenige
Monate später schickt ihr Arzt sie erneut zu einer psychologischen Beratung.

In der Tat befindet sie sich in einem jämmerlichen Zustand.
Ihr zweiter Mann ist infolge eines Sturzes gestorben, und Ariane
hat eine tiefe Depression, die sich in erheblichen Veränderungen
ihres körperlichen Zustandes und durch permanentes Weinen
manifestiert. Sie sagt, die Bilder ihres sterbenden Mannes quälten sie. Er verfolge sie in ihren Träumen, und ihrem Liebhaber
gegenüber reagiere sie wie ein Eisblock, obwohl er sie in dieser
schwierigen Zeit unterstützt habe.

Die Analogien zu den beiden in Kindheit und Jugend erlittenen Verlusten liegen auf der Hand, und ein Jahr lang läßt jedes
schmerzhafte Ereignis die erste nicht geleistete Trauer wieder
wach werden. Ariane schwankt zwischen der Angst, bei sich die
gleichen Symptome zu entdecken, die ihr Mann aufwies, und

einem stets relativ selbstgefällig dargestellten übertriebenen Schuldgefühl wegen ihres Doppellebens.

Solange der Ödipuskomplex noch nicht gelöst ist, stellt jedes Mädchen sich ein Doppelleben mit seinem Vater vor, wenn dieser den Verführungsphantasien freien Raum läßt, und das Kind kann dann, zuweilen zu Recht, an eine Komplizenschaft mit dem Vater gegen die rivalisierende Mutter glauben. Ariane, deren libidinöse Entwicklung auf dieser Stufe stehen blieb, ist es nach dem Tod ihres Vaters nie gelungen, die anderen Verluste, die sie unentwegt an ihre erste libidinöse Trauer erinnerten, zu verarbeiten.

Obwohl eine Aufarbeitung dieser ersten Trauer angesichts der Kürze der therapeutischen Behandlung nicht möglich ist, bessert sich Arianes Zustand im Laufe der Sitzungen erheblich. Ihre depressive Stimmung kann gedämpft werden, und sie ist in der Lage, zu ihrem Liebhaber eine normale Beziehung aufzunehmen. Da sie ihre neue Lebensweise offensichtlich als ausreichenden Schutz gegen die Rückkehr der Depression betrachtet, beschließt sie, die Therapie zu beenden – nicht ohne mehrere lange Briefe zu schreiben, in denen sie ihr Wohlbefinden, dessen sie sich noch nicht ganz sicher ist, zu bestätigen.

Obsessive Trauer

Beim zwanghaften Neurotiker bleibt die psychische Entwicklung auf der analen Stufe stehen, die – Freud zufolge – etwa zwischen dem zweiten und vierten Lebensjahr die orale Phase ablöst. Die obsessive Persönlichkeit übernimmt nun die wesentliche Charakteristika dieser analen Stufe: Ordnung, Geiz, Sturheit kennzeichnen ein Subjekt, das pausenlos versucht, seine Aggressivität mittels der von einem strengen Über-Ich auferlegten Rituale zu beherrschen. Das Über-Ich ist eine von Freud beschriebene Instanz der Persönlichkeit, die gegenüber dem Ich die Rolle eines Zensors oder eines Richters spielt. Im Über-Ich sind die elterlichen Ge- und Verbote verinnerlicht.

In der Tat ist die Verdrängung der aggressiven Triebe beim Zwangsneurotiker unzureichend. Weil der Tod des geliebten Objekts sofort die aggressiven Wünsche diesem gegenüber reaktiviert, unterliegt der Obsessive Ambivalenzkonflikten, die wiederum starke Schuldgefühle auslösen, zumal sich die aggressiven Todeswünsche letztlich verwirklicht haben. Eine schwere Depression verlängert die Trauerzeit im Vergleich zur normalen Dauer, und die Identifikation mit dem Verstorbenen ruft Selbstmordwünsche hervor. Auch wird der obsessiv Trauernde zeitweise von lähmenden Selbstvorwürfen überfallen.

Die Apathie des Obsessiven mündet häufig in eine morbide Selbstvernachlässigung ein, die zum allmählichen Verfall des Individuums führt. Lediglich die psychische Erschöpfung, die der Obsessive zeigt, kann die letzte Konsequenz der gegen das Ich gerichteten Aggressivität, den Selbstmord, verhindern. Wie auch immer – die Folgen sind schwerwiegend, gleichgültig, ob sie nun zum Tod oder zum allmählichen, quälenden Rückzug auf sich selbst führen.

Objektbindung und Tolerierung

Die verschiedenen Merkmale der pathologischen Trauer stellen im Grunde nur eine morbide Verstärkung jener Phänomene dar, die üblicherweise nach jedem Verlust einer geliebten Person auftreten: Verleugnung der Wirklichkeit, Ambivalenz, Aggressivität und Schuldgefühle. Welche dieser Reaktionen sich nun zu einer schweren Störung auswächst, hängt nicht zuletzt von der Persönlichkeit des Betroffenen ab. Die äußeren Umstände, so dramatisch diese auch sein mögen, beeinflussen indes nicht die Intensität der Trauer.

Die Faktoren, die eine Neigung zu pathologischer Trauer annehmen lassen, sind in der Persönlichkeitsstruktur angelegt und entwickeln sich aus dem Beziehungsmuster zwischen Subjekt und Objekt. Die Liebesbeziehung als libidinöse Investition drückt die Beziehungen des Ichs zur Außenwelt aus und entwickelt sich nach dem Muster der ersten Beziehung zur Mutter oder einer Ersatzperson. Die dynamische Objektbeziehung müßte idealerweise ausreichend flexibel sein, um nach inneren und äußeren Situationen zu unterscheiden und je nach den Umständen zu regredieren oder fortzuschreiten.

Im Lauf der libidinösen Entwicklung des Individuums bilden sich, nach Freud, die orale, die anale, die phallische und die genitale Phasen heraus. Die beiden ersten bestimmen die prägenitalen Beziehungen; die dritte ermöglicht die Überwindung des Kastrationskomplexes und endet in der vierten Phase mit der Bewältigung des Ödipuskomplexes. Objektbeziehungen mit ausschließlich prägenitalem Charakter werden allein von Subjekten hergestellt, die zu einem flexiblen Umgang mit ihren Trieben nicht in der Lage sind, die auf Alltagsfrustrationen mit Schutzmechanismen reagieren, die für die orale und anale Phase charakteristisch sind (Verleugnung, Spaltung, Projektion). Nur die feste Bindung an ein Objekt, das ihnen ein positives Bild zurückwirft, ermöglicht es ihnen, in Einklang mit ihrer Umgebung zu leben – allerdings um den Preis der Unterdrückung von Affekten und Emotionen, was mit einem erheblichen psychischen Energieaufwand verbunden ist. Auf den Verlust ihrer Bezugsperson reagieren diese Persönlichkeiten vollkommen gehemmt; sie lehnen die Wirklichkeit ab oder legen eine intensive Feindseligkeit sich selbst und ihrer Umgebung gegenüber an den Tag. Der Verlust des Objekts bedeutet gleichzeitig einen Gleichgewichtsverlust des Subjekts.

Die prägenitale Objektbeziehung ist grundsätzlich narzißtisch und damit unreif. Stets braucht sie einen strukturierenden »Anderen«, wobei dieser sich häufig nicht vom ersten Liebesobjekt unterscheidet. Erst ein langwieriger Lernprozeß kann zur Entwicklung einer autonomen Persönlichkeit führen, doch erscheint die affektive Autonomie des narzißtischen Ichs als Illusion, und die Schwierigkeiten, die Abhängigkeit zu verändern, können tiefe Depressionen auslösen.

Wird eine narzißtische Persönlichkeit mit einer Trauersituation konfrontiert, läuft sie Gefahr, eine morbide Reaktion zu zeigen.[14] Mehrere Untersuchungen haben die Hypothese bestätigt, daß frühzeitige Verluste, vor allem der Tod eines Elternteils vor dem elften Lebensjahr, eine besondere Anfälligkeit für Depressionen zur Folge haben.[15] Das Kind kann auf einer Entwicklungsstufe stehenbleiben, auf der sich eine genitale Objektbeziehung noch nicht entwickelt hat, und jeder neue Verlust wird eine depressive Reaktion erzeugen. Bei einer Untersuchung depressiver Patienten, die in einer psychiatrischen Abteilung durchgeführt wurde, stellte sich heraus, daß mehr als sechzig Prozent in den Monaten vor Ausbruch ihrer Erkrankung mindestens einen Verlust zu verkraften hatten.

Erinnert dieser Verlust vielleicht an ein ursprüngliches Trauma? Jedenfalls scheint die Trauer ein nicht zu vernachlässigender Faktor bei der morbiden depressiven Dekompensation zu sein, und ihre Komplikationen scheinen in Relation zum Ausmaß der Fixierung auf die ersten Entwicklungsstufen zu stehen. Die Trauer ist eine Trennung, die alle vorherigen Verluste wieder in Erinnerung ruft, ihr guter Verlauf hängt von der Art und Weise ab, wie diese Trennung erlebt, toleriert und integriert worden ist.

Risiken der Trauer

Faktoren der Trauerkrankheit

Das Ausmaß und die Qualität einer Trauerarbeit hängen von der Interaktion verschiedener Elemente ab. Dazu zählen neben den physischen Variablen soziokulturelle Faktoren wie Beruf, Religion und familiäre Umgebung, dazu psychologische Komponenten wie Persönlichkeit und Beziehung zum Verstorbenen.

Auskünfte über die Risikofaktoren für eine pathologische Trauer sind Untersuchungen über die Auswirkungen von Streß und dessen gesundheitliche Folgen zu entnehmen. Streß wird hervorgerufen durch eine von innen oder außen kommende Aggression; der Tod eines geliebten Menschen schafft die wohl schwerste Streßsituation, auf die Trauer die gängigste Antwort ist. Aus diesem Grund scheint es einigen Wissenschaftlern nur logisch, diesen affektiven Zustand als Beispiel für die Anpassungsfähigkeit an Verluste schlechthin zu interpretieren.

Bereits Galen beobachtete den Zusammenhang von Trauer und Krankheit und führte als Beispiel die melancholische Ehefrau an, die nach dem Tod ihres Mannes an Krebs erkrankt. Zwar ist diese Hypothese nicht verifiziert, doch haben sich zahlreiche Forscher bemüht, neben den Herzkranzgefäßerkrankungen und den übrigen sogenannten psychosomatischen Krankheiten auch eine Beziehung zwischen Streß auslösenden Ereignissen und der Entstehung von Krebs herzustellen, wobei allerdings, wie eine Studie von Ronald Grossarth-Maticek nachweist, ebenfalls Persönlichkeitsmerkmale als Auslösefaktor berücksichtigt werden müssen.

Zwei bedeutsame Langzeituntersuchungen, die in Jugoslawien und Deutschland an etwa tausend Personen durchgeführt wurden, heben die Wechselwirkung von drei psychologischen

Faktoren für das Entstehen von Krebs hervor. Diejenigen Personen, bei denen zehn Jahre nach Untersuchungsbeginn Krebs festgestellt wurde, vermittelten in den ersten Interviews ein Gefühl der Hoffnungslosigkeit, das aus einer großen Anzahl stressender Erlebnisse resultierte. Sie vermochten ihre Gefühle und Wünsche nicht zu äußern, sondern unterdrückten sie ständig, und diese chronische Blockierung der Emotionen steht nach Überzeugung der Wissenschaftler in Wechselbeziehung zur Entstehung der Krebserkrankung. Zahlreiche Erhebungen versuchten in der Folge, diese Erlebnisse zu bestätigen.

Nachdem im Rahmen dieser Untersuchungen auch das Streßerlebnis »Partnerverlust« thematisiert wurde, hat man der Trauer künftig zumeist die gleiche Bedeutung beigemessen wie anderen Lebenserfahrungen – sei es Arbeitslosigkeit, Behinderung oder Gefängnisaufenthalt. Weil Trauerarbeit jedoch ein Höchstmaß an Streß auslöst, das die herkömmliche Fähigkeit, sich den Schwierigkeiten zu stellen, überfordern kann, wurde an der schwer überprüfbaren Hypothese festgehalten, daß die Einbindung in ein soziales Umfeld einen schützenden Puffer bilden könne. Wird dieses Netz dagegen durch den Tod des Partners zerstört, treten die negativen Auswirkungen in voller Ausprägung zutage.

Trauer als Streßerlebnis

Der Verlust des Ehepartners oder eines Kindes gilt in der Regel als das den höchsten Streß auslösende Ereignis.[16] S. J. Schleifer hat anhand einer vierzehnmonatigen Beobachtungsreihe nachgewiesen, daß die Abwehrkräfte von Männern, deren Frauen im Endstadium an Brustkrebs erkrankt waren, deutlich geschwächt waren. David R. Jones und Peter O. Goldblatt führten eine Längsschnittuntersuchung an fünftausend Witwen unter sechzig Jahren durch, die im Rahmen einer nicht repräsentativen Erhebung in Großbritannien ausgesucht wurden – von dieser großen epidemiologischen Untersuchung wurde ein Prozent der

Bevölkerung erfaßt. Hinsichtlich der Krebserkrankungen ließ sich lediglich eine leichte, allerdings nicht signifikante Steigerungsrate feststellen, doch augenfälliger war ein anderer Unterschied: Die Sterblichkeit war bei jenen Frauen, deren Partner auf unvorhergesehene Weise, durch Unfall oder akute Erkrankung, gestorben waren, höher als bei den Frauen aus der Kontrollgruppe, die ihren Mann noch hatten.

Alles in allem also konnten diese Ergebnisse die Erwartungen nicht erfüllen. Zwar löst die Trauer, wie jedes andere Streßerlebnis, offensichtlich organische Veränderungen aus, von denen einige das Immunsystem tangieren, doch unklar ist bislang, wie diese Störungen zur Krankheit führen. Mangels einer sicheren Kausalerklärung wollen wir uns lieber an klinische Ergebnisse halten. Die Psyche entwickelt sich auf einem biologischen Substrat und existiert nicht ohne diese organischen Grundlagen. Allerdings verschwindet das vom einzelnen geäußerte psychische Leiden nicht mit dessen rationaler Erklärung.

Der gesellschaftliche Umgang mit Trauer sowie die psychotherapeutischen Hilfsangebote machen heutzutage die Verbalisierung dieses Leidens möglich, weil die Emotionen geäußert werden können. Obgleich noch mangelhaft erforscht ist, ob therapeutische Hilfen unmittelbar wirken, indem sie die mit Streß verbundene Beeinträchtigung des Immunsystems unterdrücken, oder ob sie bei dem Trauernden Verhaltensweisen fördern, die seinen Gesundheitszustand bessern – der Nutzen einer sozialtherapeutischen Begleitung ist trotz der schweren Überprüfbarkeit unbestritten.

Körperliche Einflüsse

Geschlechtsspezifische Unterschiede

In der westlichen Welt liegt die Sterblichkeitsrate bei Männern höher als die bei gleichaltrigen Frauen. Das ist zum einen darin begründet, daß Männer mehr Schadstoffe, wie Nikotin und Alkohol, konsumieren und daß ihr Unfallrisiko größer ist, doch es lassen sich zum anderen auch biologische Ursachen benennen. Bereits bei der Geburt sterben Jungen häufiger als Mädchen, und das setzt sich im Alter fort: Längsschnittstudien haben für Witwer eine höhere Krankheitsanfälligkeit ergeben als für Witwen. Witwer zeigen auch die stärksten Formen von Depression, wenngleich sie bei ihnen später auftritt als bei Frauen. Diese Differenz bildet sich mit der Zeit heraus: Zwei Monate nach dem Todesfall lassen sich zwischen den Geschlechtern noch keine Unterschiede erkennen, aber zwei bis vier Jahre später sind die verwitweten Männer depressiver als die Frauen.[17] Bei Verheirateten dagegen verhält es sich umgekehrt: Hier zeigen Frauen eine größere Anfälligkeit für Depressionen als Männer.

Während Frauen sich stärker ihres sozialen Umfeldes zur Unterstützung bedienen, scheint Männern bei der Trauerbewältigung dieser Puffer zu fehlen – sie leiden also stärker unter Einsamkeit. In der Paarbeziehung ist in der Regel der Frau die Rolle zugedacht, Gefühlen Ausdruck zu verleihen, und Frauen vertrauen sich anderen viel eher an. Stirbt eine Frau, verliert ihr Partner mit ihr das einzige Vehikel zur Äußerung von Gefühlslagen, was sich nachteilig auf seinen Gesundheitszustand auswirkt. Trotzdem suchen Männer bei Anflügen von Depression seltener Ärzte auf als Frauen, eben weil sie größere Schwierigkeiten haben, ihre Probleme mitzuteilen.

Schon seit langem werden die gesundheitlichen Auswirkungen der Trauer untersucht, und nicht umsonst gibt es die Redewendung »an gebrochenem Herzen sterben«. Ganz allgemein kann festgestellt werden, daß eine Zunahme von Herz- und Gefäßerkrankungen im Verlauf der Trauer zu verzeichnen ist[18], wobei sich eine erhöhte Sterblichkeitsrate allerdings nur bei Witwern nachweisen läßt, insbesondere bei denjenigen, die nicht wieder heiraten.[19] Stoßen wir hier nicht wieder auf unsere doppelte Deutung?

Der erste, mehr psychologische Interpretationsansatz befaßt sich mit der Fähigkeit des einzelnen, seine Trauerarbeit zu beenden und sich auf neue libidinöse Beziehungen einzulassen.

Der zweite Ansatz, der mehr psychosozialer Natur ist, hebt die Bedeutung eines gut funktionierenden sozialen Netzes angesichts der unterschiedlichen Situation von Witwe und Witwer hervor. Bei beiden Erklärungsmodellen geht es nicht allein um das seelische Gleichgewicht, sondern auch um die körperliche Verfassung des Betroffenen, die durch eine gelungene Trauerarbeit positiv gestützt wird. Aber wie sieht es mit geschlechtsspezifischen Unterschieden aus?

Gesamtgesellschaftlich gesehen ist weibliches Leiden von jeher mehr toleriert worden, was schon mit der Notwendigkeit ärztlicher Betreuung bei Schwangerschaft und Geburt zu tun hat. Vorsorgeuntersuchungen sind für Frauen besser geregelt als für Männer. Doch muß der häufigere Arztbesuch nicht unbedingt zugleich eine höhere Krankheitsanfälligkeit bedeuten. Vielmehr ist es vermutlich eher so, daß Frauen eine geringere Hemmung haben, ihre Klagen zu äußern. Auf diesen Mechanismus beziehen sich auch die Epidemiologen, die wegen Depression bei Frauen eine doppelt so hohe Untersuchungshäufigkeit feststellen wie bei Männern. Das heißt, daß die weibliche Depression gesellschaftlich toleriert wird, während Männlichkeit und Energieverlust als unvereinbar gelten.

Bei verwitweten Männern verschiebt sich das Bild: Sie wirken deprimierter und leiden stärker unter somatischen Störungen als ihre verheirateten Geschlechtsgenossen, während diese Differenz bei Frauen geringer ist. Witwer tendieren häufiger als verheiratete Männer dazu, sich umzubringen, was Witwen relativ selten tun, obgleich Frauen insgesamt häufiger Selbstmordversuche unternehmen als Männer. Hier spielt sicherlich das soziale Netz eine entscheidende Rolle: Nähme man zum Vergleich zwei Gruppen von Witwern und Witwen, die sich in ähnlicher Weise auf ihr familiäres und gesellschaftliches Umfeld stützen, so würden die geschlechtsspezifischen Unterschiede sich weitgehend nivellieren.

Der norwegische Psychologe Atle Dyregrov hat neben dem grundlegenden Unterschied zwischen den Geschlechtern auf die Bedeutung der geschlechtsspezifischen Erziehung hingewiesen, die verantwortlich ist für divergierende Gefühlsäußerungen. Aus dem skandinavischen Raum stammt auch der folgende Erfahrungsbericht, der sich auf die Verarbeitung eines kollektiven Traumas bezieht.

In einer kleinen ländlichen Gemeinde entsteht eine beträchtliche Unruhe: Mehrere Menschen sind ermordet worden. Ein vermutlich schizophrener Zwanzigjähriger bringt in einem Anfall von Wahn erst seinen Vater, dann seine Mutter, seine Schwester und deren Verlobten um. Die Mutter des jungen Mannes war früher Lehrerin an der Dorfschule. Da das ganze Dorf sich in einem emotionalen Schockzustand befindet, wendet die Schulleitung sich an die zuständigen psychiatrischen Einrichtungen. Ein Psychologe wird geschickt, der den Lehrern, die mit den geschockten Schülern nicht umzugehen wissen, mit praktischen Ratschlägen zur Seite stehen soll. Die Erschütterung der Schüler geht deshalb so tief, weil einige von ihnen zum Mörder eine Doppelbeziehung hatten: Einerseits war er ein ehemaliger Schulkamerad, andererseits hatte seine Mutter sie unterrichtet.

Einen Monat nach den Morden verteilt der Psychologe an die Schüler einen kleinen Fragebogen, in dem sie ihre ersten Reaktionen auf die Schreckensnachricht aufzeichnen sollen. Achtzig Prozent der dreiunddreißig Jungen und dreißig Mädchen beschreiben ein Schockerlebnis. »Ich fragte: Wer? Ich war unfähig zu begreifen. Ich blieb neben dem Telefon stehen, es war furchtbar. Das Ganze kam mir unwirklich vor. Ich glaubte nicht daran. Ich wußte nicht, ob ich lachen oder weinen sollte. Ich hielt den Hörer in der Hand und dachte: Nein, nein, nein... Ich wußte nicht einmal, was ich sagte. Ich war schockiert, alles kam mir so unwirklich und fern wie ein Film vor. Es war furchtbar...«

Die Formulierungen dieses jungen Mädchens sagen viel über das erfahrene Trauma aus, doch ist aus allen Antworten ersichtlich, daß das Begräbnis den Schülern hilft, die Wirklichkeit der Morde zu akzeptieren. Die meisten geben zu, daß durch diese Ereignisse ihr Glaube an die eigene Unverwundbarkeit verlorenging. Einige machen sich gar Sorgen um sich und ihre Familie.

Aufschlußreich sind die unterschiedlichen Beschreibungen von Jungen und Mädchen. Letztere erwähnen sämtlich ihre Tränen und ihre Traurigkeit, ihren Verlust an Energie, ihre Angst, allein zu sein. Ihre Zustandsschilderungen sind wortreicher als die der Jungen, im Durchschnitt verwenden sie zweiundvierzig Wörter gegenüber achtzehn bei den Jungen. Die Jungen, die Unterricht bei der ermordeten Lehrerin hatten, geben die knappsten Antworten. Dennoch gehören sie unbestritten zu den am stärksten traumatisierten, da ihnen die Identifikation mit dem Mörder leichter fällt. Die aggressiven, wenngleich normalen Projektionen gegenüber ihrer Lehrerin lösen bei ihnen ein Schuldgefühl aus, das vermutlich für ihre Wortkargheit verantwortlich ist. Während alle Mädchen angeben, einen Freund zu haben, dem sie ihren Kummer anvertrauen können, erwähnen nur vierzig Prozent der Jungen eine ähnliche Hilfe. Über das Blutbad sprechen die Mädchen grundsätzlich mit ihren Eltern, während dies nur ein Drittel der Jungen tut.

Mädchen und Jungen unterscheiden sich also deutlich im Ausdruck ihrer Gefühle, und dies von frühester Jugend an. Mädchen spielen häufig in kleineren Gruppen, in denen sie die familiäre Beziehung reproduzieren, und reden dabei viel miteinander. Jungen bevorzugen Mannschaftssport, haben ein stärkeres Bedürfnis nach körperlicher Verausgabung und entladen ihre Spannungen über eine zuweilen reduzierte und kodifizierte Sprache, denn Macht wird demjenigen zuerkannt, der am besten seine Gefühle verdrängen kann und »stark« ist. Das männliche Leitbild setzt eher Muskelstärke als verbale Überlegenheit voraus.

Sind aber Gefühlsäußerungen für beide Geschlechter gleichwertig? Die Längsschnittuntersuchung, die sich mit den Konsequenzen des Traumas für die Gruppe befaßte, kann darauf ansatzweise Antworten geben, und es ist erhellend, wie unterschiedlich sowohl die Reaktionen als auch die Abwehrmechanismen bei Mädchen und Jungen sind. Zwar scheinen Frauen, die einen Todesfall erleben, häufiger als Männer zu klagen, was jedoch keine größeren Risiken impliziert. Im Gegenteil: Von früher Kindheit an greifen Männer viel seltener auf ein soziales Netz zurück, um Schwierigkeiten bei der Trauer zu bewältigen. Bei diesen Angaben handelt es sich zumeist um die Situation nach dem Tod des Partners. Beim Verlust eines Kindes – worauf noch näher einzugehen ist – lassen sich keine wesentlichen Unterschiede zwischen den Geschlechtern benennen, wenn man einmal davon absieht, daß verwitwete oder geschiedene Mütter eine erhöhte Sterblichkeitsrate aufweisen. Man kann also feststellen, daß die geschlechtsspezifische Variable, wenngleich nicht der einzige Begründungszusammenhang, in dem Moment zum Risikofaktor wird, sobald sie mit sozialer Isolation zusammentrifft.

Alter

Anders als die klassische Assoziation zwischen Alter, Krankheit und Sterblichkeit ist eine Beziehung zwischen Trauer einerseits und geistigen und somatischen Pathologien sowie Verhaltensstörungen andererseits schwerer nachzuweisen. Einige Untersuchungen, die sich dies zum Ziel gesetzt haben, bedienen sich zwar einer wenig strengen Methodologie (keine Kontrollgruppen, unzureichende klinische Beobachtungen), geben aber eigenwillige Denkanstöße. Andere stellen interessante Hypothesen auf, die jedoch unmöglich zu überprüfen sind, weil die verschiedenen Faktoren zu stark miteinander verflochten sind. So müssen die Unterschiede zwischen älteren und jüngeren Trauernden immer in Beziehung zu ihrer Generation und ihrer Kultur gesetzt werden. Jugendliche im ländlichen Milieu können beispielsweise mit dem Tod gelegentlich ganz anders umgehen als junge Städter, wenn diese relativ isoliert von ihren Familien und anderen sozialen Bindungen leben. Oder ein Jungverheirateter wird den Trauerfall weniger erwarten als eine achtzigjährige Frau – ein Grund, weshalb junge Witwer und Witwen intensivere Trauerreaktionen zeigen als ältere.

In einer vergleichenden Untersuchung hat C. Sanders 1981 trauernde Ehepartner zunächst einen Monat nach ihrem Verlust und dann zwischen dem achtzehnten und vierundzwanzigsten Monat nach dem Trauerfall befragt. Einundzwanzig Testpersonen waren älter als fünfundsechzig, vierundzwanzig waren unter dreiundsechzig Jahren. Im ersten Untersuchungsstadium stellte Sanders bei den Jüngeren eine anfallartig auftretende Trauersymptomatik mit zahlreichen Schuldgefühlen fest, wie sie einem tiefen emotionalen Schock folgt. Eine erhebliche Angst führte gelegentlich sogar zur Verwirrtheit. Achtzehn Monate später hatten sich diese Reaktionen einigermaßen gelegt, und die Bereitschaft zur Neuorientierung zeichnete sich ab.

Bei den älteren Trauernden schien zunächst die Verleugnung bestimmend zu sein, die begleitet wurde von Energieverlust und Hemmung – mit dem Ergebnis, daß die Betroffenen sich aus allen sozialen Beziehungen zurückzogen. Die ausgeprägten Reaktionen, wie sie die jüngere Gruppe am Anfang zeigte, traten bei den Älteren erst anderthalb bis zwei Jahre später auf. Was bei der stillen, oft verdeckten Trauer älterer Menschen als gute Anpassung erscheint, ist vielleicht nur eine Illusion. Die jüngeren Trauernden, bei denen das Leid offener zur Schau gestellt wird, greifen im übrigen in erheblichem Umfang auf Beruhigungsmittel und Antidepressiva zurück. Die Älteren dagegen, die ihre Gefühle zunächst besser kontrollieren, bleiben anfällig und weisen, Parkes zufolge, häufig körperliche Störungen auf, die allerdings oft als gewöhnliche Alterserscheinungen betrachtet werden. Jedenfalls sollte das anfängliche Fehlen manifester Schwierigkeiten bei älteren Trauernden hellhörig machen. Besondere Hilfe brauchen auch jene jungen Trauernden, die der Todesfall völlig unvorbereitet getroffen hat; sie müssen unterstützt werden, sollen sie diese Situation gut bewältigen.

Es stellt sich die Frage, ob ein schlechter Gesundheitszustand den Ausbruch einer pathologischen Trauer begünstigen kann, denn daß umgekehrt die Rücksichtnahme auf die eigene Gesundheit durch die Trauer vermindert und dadurch die Anfälligkeit für Krankheiten gesteigert wird, ist nachgewiesen. Die Rolle, die eine angegriffene Gesundheit für den Trauerverlauf spielt, ist deshalb so schwer zu ermessen, weil hier auch soziokulturelle Komponenten ins Spiel kommen. Unbestritten ist hingegen, daß eine Beziehung zwischen geistiger Verfassung und pathologischer Trauer besteht.

So hat eine englische Untersuchung gezeigt (Bunch, 1972), daß bei jenen Trauernden, die einen Suizidversuch unternahmen, häufig eine psychische Störung vorausging. Parkes stellte 1962 und 1975 die Hypothese auf, daß eine frühere Depression zur psychiatrischen Trauer führen bzw. die Trauer neurotische Symptome verschlimmern könne. Während pathologische psychische Veränderungen also eindeutig als Risikofaktoren für eine pathologische Trauer feststehen, konnte die Rolle der somatischen Störungen in dieser Hinsicht bislang nicht klar herausgestellt werden.

Soziokulturelle Bedingungen

Gesellschaftlicher Status

Aufgrund epidemiologischer Untersuchungen wissen wir, daß die Probleme hinsichtlich der körperlichen und geistigen Gesundheit zunehmen, je niedriger die soziale Stellung ist. Begleitet wird dies in der Regel von einer Einschränkung der Aktivität.

Gleichwohl haben Sanders (1980) und Gallagher (1983) keine signifikante Wechselwirkung zwischen Trauerrisiko und sozialer Klassenzugehörigkeit festgestellt. Nur pflegen Trauernde mit niedrigem Einkommen eher ihre Gefühle zu unterdrücken und unter größerer Isolation zu leiden als Bessergestellte. Doch ein Risikofaktor »sozialer Status« im eigentlichen Sinne ließ sich für die Trauerbewältigung weder hinsichtlich Gesundheit noch Sterblichkeit ausmachen.

Religiöse Bindungen

Man mag die Religion zwar als persönliche Variable ansehen, doch ist sie im wesentlichen wohl eher ein Faktor des soziokulturellen Lebens. Fragebogenaktionen in Amerika und England haben ergeben, daß die Mehrzahl der Trauernden die Religion als erhebliche moralische Hilfe nach einem Trauerfall betrachtet.

Neben ihrer trostspendenden Funktion beruht der Wert von Religion hauptsächlich auf dem Vorhandensein einer Gemeinde, die als geschlossenes Ganzes einen starken Halt zu bieten vermag, der über die Möglichkeiten individueller Zuwendung hinausgeht. Sanders hat 1980 darauf hingewiesen, daß Trauernde, je nachdem wie häufig sie ein Gotteshaus besuchten, teilweise einen Optimismus an den Tag legten, der traurige Gefühle unterdrückte, oder daß sie den Wunsch zum Ausdruck brachten, sich sozial nützlich zu machen. Dies und das damit gepaarte Bedürfnis nach wohlwollender Anerkennung durch die Gemeinde unterschied sie in signifikanter Weise von den Nichttrauernden. Allerdings ist ebenfalls festzustellen, wie mehrere israelische Untersuchungen belegen, daß die Religiosität sich mit dem sozialen Status verändert: Je arrivierter Trauernde sind, desto geringer ist ihre religiöse Bindung. Dies hat wohl auch damit zu tun, daß ein hoher Lebensstandard eine bessere Anpassung an die Trauer gewährleistet und weniger anfällig macht für psychische und physische Störungen.

Die Religion fördert die Trauerbewältigung, indem sie die sozialen Bindungen stärkt. Im Rahmen einer israelischen Untersuchung wurde versucht, die Beziehungen zwischen Religion und soziokulturellen Aspekten zu erfassen.[20] Zum Vergleich standen zwei Gruppen – einmal die Eltern jener 2518 Soldaten, die 1973 im Jom-Kippur-Krieg gefallen sind, zum anderen die Eltern von 1028 jungen Männern, die im Alter zwischen achtzehn und dreißig Jahren an den Folgen eines Unfalls starben. Erfaßt werden sollte über einen Beobachtungszeitraum von zehn Jahren die Sterblichkeitsrate der Eltern. Dabei stellte sich heraus, daß die Väter der Unfallopfer eine signifikant höhere Quote aufwiesen als jene der gefallenen Soldaten. Bei den Müttern dagegen waren im Normalfall keine Unterschiede nachweisbar. Lediglich bei den verwitweten oder geschiedenen Frauen bestand eine deutliche Wechselbeziehung zwischen dem Tod des Sohnes und dem eigenen Sterberisiko. Auf welche Weise nun lassen sich die Resultate dieses aufschlußreichen Experiments interpretieren?

Die Eltern, die ihre Söhne an der Front verloren haben, können teilhaben an den Ehrungen für all jene, die zum Schutz des Vaterlandes ihr Leben gelassen haben. Die Einrichtung eines nationalen Gedenk- und Trauertags legt davon beredtes Zeugnis ab, denn er erlaubt den betroffenen Eltern untereinander die Möglichkeit der Identifikation und bietet eine wirksame psychologische Unterstützung. Hingegen sind die Eltern, deren Söhne nach einem Unfall starben, erheblich isolierter, denn sie erfahren weder Anerkennung noch Aufwertung. Die Religion selber wird in dieser Untersuchung ausschließlich mit sozialer Klasse und ethnischer Herkunft assoziiert, denn in Israel stehen die Sephardim, die orientalischen Juden, auf einem niedrigeren gesellschaftlichen Niveau als die aus der westlichen Welt stammenden Juden, und entsprechend sind letztere weniger religiös als jene orientalischer Herkunft. Die Religion gehört also gleichrangig mit den biologischen, sozialen und ökonomischen Komponenten zu den Kennzeichen einer ethnischen Gruppe. Das Beispiel aus Israel macht darüber hinaus recht gut die positive Wirkung von Trauerritualen deutlich, insbesondere wenn sie eingebettet sind in kollektive Gefühle.

Familienangehörige, Freunde, Bekannte, Nachbarn und Arbeitskollegen sind es, die das soziale Umfeld bilden. Einer Tübinger Untersuchung (W. u. M. S. Stroebe) ging es um den Nachweis, daß die Anwesenheit von Kleinkindern sich positiv auf die Gesundheit der Trauernden auswirkt. Trauernde mit kleinen Kindern zeigten weniger physische und depressive Störungen als diejenigen, deren Kinder schon groß waren. Die kleinen Kinder lenken die Eltern gewissermaßen von ihrem Schmerz ab. Die notwendige Orientierung auf die Zukunft der Kinder wegen scheint den Verlust erträglicher zu machen und innerhalb der Familie ein Gefühl von Hoffnung zu nähren. Sehr junge ledige Mütter sind häufig nach dem Tod des Vaters schwanger geworden. Ist das ein Hinweis auf eine übertriebene Vaterliebe? Die Tochter versucht, ihre Trauer um den Vater im Umsorgen eines Säuglings bewältigen zu können. Die Enttäuschung dieser jungen Mütter, wenn sie feststellen, daß das Kind für sie kein Ersatz sein kann, demonstriert jedoch bald das Scheitern dieser ödipalen Trauer.

Andere Untersuchungen sind der Frage nachgegangen, wer aus dem sozialen Umfeld die wirksamste Hilfe leisten kann. Sie sind zu der Erkenntnis gekommen, daß nahe Verwandte hier eine größere Rolle spielen als Freunde, wobei die räumliche Nähe zur Wohnung des Trauernden Voraussetzung ist. Und übereinstimmend wird immer wieder resümiert, daß die isolierten Trauernden weitaus häufiger unter Depressionen leiden als jene, denen die Familie zur Seite steht. Auch die therapeutischen Gruppen haben ihre hilfreiche Funktion bei der Trauerbewältigung unter Beweis gestellt, denn sie verbessern zum einen die Kommunikation innerhalb der Familie und verringern zum andern allgemein die Trauerpathologien.

Psychologische Voraussetzungen

Persönlichkeitsstruktur

Zahlreiche Forscher haben sich bemüht, Persönlichkeitsmerkmale herauszuarbeiten, die eine pathologische Trauer fördern, doch stellen sich bei den Erhebungen immer wieder die wiederholt erwähnten methodologischen Probleme ein. Gibt es überhaupt eine Prädisposition zu pathologischer Trauer?

Folgt man Parkes (1962), so gibt es sie, und als Beweis dienen ihm diejenigen Witwen, die bereits bei früheren Verlusten heftig reagierten und nun vom Tod ihres Partners bis ins Innerste getroffen wurden. Unsicherheitsgefühl, tiefsitzende Angst, mangelnde Selbstachtung, Wut und übertriebene Schuldgefühle sowie die Schwierigkeit, Schmerz zu äußern – das alles sind Merkmale, die Parkes als Vorboten der pathologischen Trauer ansieht.

W. und M. S. Stroebe haben versucht, Unterschiede hinsichtlich eines inneren Kontrollgefühls bei Witwern und Witwen festzumachen, die sie vier bis sechs Monate nach dem Tod des Partners interviewten. Trat der Verlust unvorhergesehen ein, verfielen Trauernde, die meinten, sie könnten sich nicht beherrschen, in Depressionen. War der Verlust jedoch vorhersehbar, existierte zwischen denjenigen, die sich eine Kontrolle ihrer Emotion zutrauten, und denjenigen, die glaubten, sie würden sich gehenlassen, kein signifikanter Unterschied.

Da gültige Ergebnisse bislang nur in geringer Zahl vorliegen, ist Vorsicht im Umgang mit der Behauptung geboten, daß dieses oder jenes Persönlichkeitsmerkmal zur pathologischen Trauer disponiere. Es ist unbefriedigend und ein heikles Unterfangen, eine Persönlichkeit mittels eines künstlich erstellten Fragebogens in Charakterzüge zu zerlegen. Gleichwohl ist die Fragmentierung der Psychopathologie eine der Hauptströmungen in der amerikanischen Psychiatrie, und die zahlreichen Fragebögen haben sich die je einzelnen Blickwinkel zunutze gemacht.

Bei allem gebührenden Respekt für diese Wissenschaftler

sollte man sich indes hüten, die Ergebnisse ihrer Untersuchungen zu verallgemeinern. Weil Trauer und Tod störende Themen sind, ist die Gefahr groß, die psychischen Aspekte der Trauer zu neutralisieren und damit das menschliche Leiden aus den Augen zu verlieren.

Begleitumstände des Verlustes

Aus den Untersuchungen über trauernde Partner lassen sich zwei scheinbar widersprüchliche Ergebnisse herauskristallisieren. Die Gegensätze haben ihren Ursprung in der unterschiedlichen Art der Partnerbeziehung, denn in dem einen Fall handelt es sich um harmonisch lebende, einander eng verbundene Paare, in dem anderen Fall um solche, deren Lebensgemeinschaft konfliktgeladen war – ihnen droht die Gefahr einer pathologischen Trauer.

Menschen, die bis zur Abhängigkeit auf den Partner fixiert sind, reagieren bei dessen Verlust bisweilen mit schweren Schockzuständen. Häufige und ungelöste Konflikte hingegen führen zu simultanen Haß- und Liebesgefühlen. Schon Freud erkannte 1917 in der Ambivalenz eine der Prämissen für eine ernste Depression, und Paare, bei denen der Tod eines Partners ein laufendes Scheidungsverfahren beendet, gehören zu einer Problemgruppe, bei der die Trauerarbeit am schwierigsten ist.

1984 verglich Lundin die Ergebnisse eines Fragebogens, mit dem die Trauerakzeptanz von fünfundvierzig Menschen gemessen werden sollte, die unter fünfundsechzig Jahre alt waren und die plötzlich einen Verwandten oder einen Partner verloren hatten. Die Kontrollgruppe setzte sich aus der etwa gleichen Anzahl von Menschen gleichen Alters, gleichen Geschlechts und gleichen Verwandtschaftsgrads mit dem Verstorbenen zusammen, nur daß der Tod hier nicht unvorhergesehen, sondern nach langer schwerer Krankheit, meistens nach einer Krebserkrankung, eintrat. Bei den Personen, die einen plötzlichen Trauerfall erfahren hatten, wurde eine Zunahme der somatischen und besonders der psychiatrischen Pathologien festgestellt. Bei der

Kontrollgruppe hingegen, die lange auf den Todesfall vorbereitet war, zeigten sich keine auffallenden Veränderungen des Gesundheitszustands.

Acht Jahre später wurden die Mitglieder beider Gruppen erneut befragt, und sechzig Prozent beantworteten die Fragen nach ihrer Verfassung.[21] Jetzt unterschieden sich die Gruppen nicht mehr hinsichtlich ihrer Trauerakzeptanz. Allerdings muß einschränkend in Betracht gezogen werden, daß sich unter den vierzig Prozent, die den neuen Fragebogen nicht ausfüllten, eben jene befunden haben könnten, die dafür zu krank oder psychisch zu stark beeinträchtigt waren. Gleichwohl beinhalten die Ergebnisse des Experiments eine überlegenswerte Aussage und werden überdies von einer Untersuchung gestützt, die Sanders 1983 durchführte.

Darin ging es darum, die unterschiedlichen Auswirkungen eines plötzlichen Todesfalls und eines Todesfalls nach chronischer Krankheit herauszuarbeiten. Bei der Auswahl der Teilnehmer wurden drei Kriterien zugrunde gelegt: plötzlicher Tod eines nahen Verwandten; Tod binnen eines halben Jahres nach Ausbruch einer Krankheit; Tod nach einer langwierigen chronischen Erkrankung.

Achtzehn Monate nach dem ersten Gespräch wurde der Grad der Anpassung an die Trauer mit Hilfe eines Fragebogens gemessen, der sich auf die psychische wie auf die körperliche Verfassung bezog. Die Gruppe, bei deren Angehörigen der Tod spätestens sechs Monate nach Krankheitsbeginn eintrat, hatte sich am besten auf die neue Situation eingestellt. Diejenigen, die mit einem plötzlichen Tod konfrontiert gewesen waren, wiesen die stärksten Schuldgefühle auf, was sich in Selbstbezichtigungen manifestierte, und litten überdies am stärksten unter gesundheitlichen Problemen. Die letzte Gruppe, die einen langwierigen Krankheitsverlauf miterleben mußte, zeigte vor allem Isolations- und Entfremdungsgefühle sowie Depressionen.

Die Ergebnisse dieser Studie bestätigen nicht nur die verhängnisvolle Wirkung eines unerwarteten Verlustes, sondern legen zudem unbekannte Aspekte der chronischen Trauer offen. In der letzten Phase einer Krankheit geraten Familien und Freunde, die den Sterbenden bis zum Ende begleiten wollen, häufig in Grenzsituationen. Der normale Alltag wird auf den Kopf gestellt, zeitliche und finanzielle Belastungen stellen sich ein. Hinzu kommt ein erheblicher psychischer Streß, der mit der Dauer der Krankheit ständig wächst, verstärkt noch von der verlogenen Atmosphäre, die man um den Kranken verbreitet, um die eigene Trauer zu verbergen. Daß dies zu Erschöpfungszuständen und einem schlechten Allgemeinzustand führen kann, wurde in einer anderen Studie nachgewiesen (Gerber, 1975).

Zur Untersuchung von Sanders muß relativierend auf ein methodisches Vorgehen aufmerksam gemacht werden. Die Personengruppe, deren Angehörige weniger als sechs Monate nach Krankheitsbeginn gestorben waren und die sich am besten angepaßt zeigte, setzte sich vor allem aus Witwen und Witwern zusammen. Bei denjenigen aber, die mit einem plötzlichen Verlust fertigwerden mußten und dies nur schwer schafften, handelte es sich um Eltern, deren Kinder verstorben waren. Der unerwartete Tod eines Kindes ist sicherlich das am stärksten traumatisierende Erlebnis.

Tod eines Kindes als Risikofaktor

Der Status des Kindes hat sich im Westen seit dem 19. Jahrhundert stark gewandelt. Sinkende Geburtenraten haben dem Wunsch nach einem Kind eine andere Qualität verliehen: Das kostbare Wesen wird zum Königskind stilisiert, es ist Träger der grandiosesten Wunschvorstellungen seiner Eltern. Es wird schöner und reicher sein und all das tun, was den Eltern selber nie gelungen ist.

Entspricht dieses wunderbare Kind dem Traum seiner Erzeuger nicht, folgt eine intensive Depression. Heutzutage tritt das »Phantasiekind« immer früher ins Leben seiner Eltern – weit vor der Geburt, gefördert durch Ultraschallaufnahmen und Filme, die zu Hause auf dem Video immer wieder abgespielt werden können, auch wenn die Bilder noch mehr an die Aufnahmen eines Wettersatelliten erinnern als an Familienfotos. Seitens der Gesellschaft wiederum wird verstärkt die Verantwortung der Eltern für ihre Nachkommenschaft betont. Mißlingt die Erziehung, werden entsprechend zum Ausmaß des Scheiterns Schuldgefühle entwickelt.

Ein Vater, der seinen kleinen Sohn durch einen Skiunfall verloren hat, erzählt, wie eingeengt noch zehn Jahre später sein Leben verläuft. Er ist von seiner Arbeit besessen und widmet sich dieser bis zur Erschöpfung. Schuldgefühle verfolgen ihn, mechanisch ruft er sich immer wieder das Unfallgeschehen in Erinnerung, ohne einen Ausweg aus dieser quälenden Selbstbefragung zu sehen. »Und wenn ich besser aufgepaßt hätte, wenn ich schneller Hilfe geholt hätte . . .« Der Vater betrachtet sich als eine Art Roboter, der zwar funktioniert, auf der Ebene der Gefühle aber neutralisiert ist. Im übrigen beklagt er, daß ihm das Weinen schwerfalle, während seine Frau auf andere Weise gefangen ist. Tagtäglich geht sie zum Grab und facht damit ihren Kummer immer wieder neu an.

Das Drama um den Tod eines Kindes kann als der Widerspruch zwischen einer vollkommen veränderten Wirklichkeit und den einstigen hochgespannten Hoffnungen begriffen werden, die nunmehr zerstört sind. Die Eltern sind der Möglichkeit beraubt, für ihr Kind ein grundlegend anderes Leben zu erträumen, das als Ersatz für die eigene gegenwärtige Situation gilt. Solche Projektionen nehmen manche Eltern selbst dann noch vor, wenn ihr Kind schon längst selbständig geworden ist.

In früheren Zeiten wurde der Tod eines Kindes besser akzeptiert, als es heute der Fall ist. Angesichts mangelnder Empfängnisverhütung stellten Kinder sich ganz selbstverständlich in großer Zahl ein. Die Medizin steckte noch in den allerersten Anfängen, die Kindersterblichkeit war hoch. Folglich wurde Kindern keine besondere Beachtung geschenkt, sieht man einmal von der Faszination ab, die von den Kronprinzen oder den kleinen Prinzessinnen ausging, die eine Form von Macht darstellten. Ansonsten wurden Kindern keine eigenständigen Konturen beigemessen, wie sich auch auf den eigenartig proportionierten Porträts aus früherer Zeit zeigt, die die Kinder eher als Miniaturausgaben eines Erwachsenen darstellen. Heutzutage ist die Trauer um ein totes Kind nicht zuletzt deshalb so schmerzhaft, weil wir sein Bild nicht ertragen können. Zudem fällt es, anders als bei der Trauer um einen Erwachsenen, schwer, die für eine bestimmte Phase normalen Aggressionen gegen ein Kind zu richten. Gleichwohl ermöglicht die Formulierung dieses Zorns, sich der – falls sie verdrängt wird – potentiell pathologischen Zweideutigkeit bewußt zu werden.

Trauer um eine Phantasie: der pränatale Kindstod

Der hier angesprochene Aspekt betrifft die Situation bei Schwangerschaftsabbrüchen und Totgeburten. Ärzte, die Schwangerschaften aufgrund einer medizinischen Indikation abbrechen, weil etwa der Fötus gravierende Anomalien aufweist, haben festgestellt, daß in solchen Fällen das Ausmaß der psychopathologischen Nachwirkungen deutlich größer ist als bei freiwilligen Schwangerschaftsunterbrechungen. Die Hälfte der betroffenen Frauen reagiert auf einen späten Abbruch mit einer komplizierten Trauer. In ihrer Phantasie nimmt das Kind immer genauere Gestalt an, und der Schmerz über das Ende der Schwangerschaft wird zwangsläufig durch das imaginäre Bild des Kindes gesteigert, was sich auf jede neue Geburt negativ auswirken kann. Ähnlich stellen sich die Schwierigkeiten dar, wenn es spontan zu einer Früh- bzw. Totgeburt kommt. In einigen Krankenhäusern ist es deshalb üblich, daß den Eltern nicht nur angeboten wird, das tote Kind zu sehen[22], sondern es auch beim Standesamt anzumelden. Mit einem Eintrag ins Familienbuch soll es einen realen Platz innerhalb der Gemeinschaft erhalten und überdies als namentlich definiertes Individuum anerkannt werden. In diesem Augenblick können auch Trauerrituale in Gang gesetzt werden. Der Anblick des toten Kindes macht die Wirklichkeit des Ereignisses bewußt, und an die Stelle eines Phantoms tritt ein realer Körper, was vor allem bei mißge-bildeten Kindern eine Rolle spielt, weil hier mangelnde Vorstel-lungskraft oder aber eine überschäumende Phantasie Zerrbilder entstehen lassen können. Darüber hinaus wird die Anwesenheit von Zeugen den Eltern die Hinnahme der Wirklichkeit erleich-tern und günstige Voraussetzungen für die Trauerarbeit schaf-fen.

Eingangs habe ich erwähnt, welche Bedeutung es für die Lebenden hat, den Toten einen festumschriebenen Raum zuzu-weisen. Für die Christen galt die Taufe lange als Gewährleistung für das Seelenheil. Ungetauft verstorbene Kinder stellten des-halb ein großes Problem dar, und die Eltern bedienten sich allerlei List, um das Begräbnis an einem geweihten Ort durch-führen zu können. Gelang das nicht, so mußten diese Kinder, wie man glaubte, entweder zwischen den Gestirnen umherirren, oder sie kehrten als Kobolde zurück, um ihre Aufnahme in die religiöse Gemeinschaft einzufordern. Die diesen Phantasien zugrundeliegenden Ängste drücken eine Sorge aus, der wir heute wieder begegnen – wie nämlich das Gedächtnis der Toten zu bewahren ist, ohne ihren materiellen Überresten Bedeutung beizumessen. Mit anderen Worten: Die Symbolisierung des Toten hat – unabhängig von den hierfür verwendeten Mitteln – grundlegende Bedeutung. Louis-Vincent Thomas hat in diesem Zusammenhang die Funktion der Metonymie hervorgehoben, der Sinnvertauschung zwischen Inhalt und Behältnis, zwischen Leichnam und Grab etwa. Dieses Vertauschen ermöglicht es dem Trauernden, seinen Schmerz einem Ort zuzuordnen, der allmählich den Körper des Verstorbenen ersetzt.

Speziell bei früh beendeten Schwangerschaften taucht ein zusätzliches Problem auf, denn viele Eltern können sich nicht mit dem Gedanken abfinden, daß der Fötus einfach in einer Krankenhausmülltonne verschwindet. Ein Minimum an Ritual oder wenigstens die Anerkennung des Todes durch die anwesen-den Ärzte und Schwestern ermöglicht den Eltern eine Trauer-arbeit um dieses unvollendete Kind, wodurch schließlich erst Raum für künftige Kinder geschaffen wird.

Unterbleibt eine solche Bewältigung, werden häufig schmerzhafte Identitätsverschiebungen auf künftige Kinder vorgenommen. Oft lösen schon die gewählten Vornamen, die stillschweigend an ein später geborenes Kind weitergegeben werden, eine pathologische Persönlichkeitsentwicklung aus. Die Psychoanalytiker kennen aus ihrer Praxis zahlreiche Patienten, die unbewußt die Identität eines vor ihnen gestorbenen Kindes angenommen haben. Diese Menschen haben in der Regel das konfuse Gefühl, nicht so sein zu können wie ihr idealer gestorbener Bruder oder ihre ideale gestorbene Schwester. Paradoxerweise bemühen sie sich unentwegt und vergeblich, sich diesem Ideal zu nähern. Das Erreichen dieses Ziels ist jedoch tödlich, denn schließlich ist das ideale Kind ja gestorben. Es nicht zu erreichen aber heißt, ununterbrochen der unbefriedigten Erwartung der Eltern ausgesetzt zu sein, die ihre Trauerarbeit um das vorherige Kind nicht geleistet haben. Das Ersatzkind ist deshalb gefährdet, weil seine Identität ständig von einem angeblich idealen Double in Frage gestellt wird – vor allem dann, wenn es den gleichen Namen trägt.[23] Die Eltern ihrerseits haben sich der notwendigen Trauerarbeit auf Dauer entzogen, indem sie ein zurückgekehrtes Phantom geboren haben, das die Wirklichkeit ihres Scheiterns konkretisiert. Noch vor einigen Jahrhunderten war es allerdings ganz gebräuchlich, den Vornamen eines verstorbenen Kindes dem nachfolgenden zu geben – in Wallonien nannte man ein solches Kind René, den Wiedergeborenen *(re-né)*. Dieser Vorgang war gesellschaftlich festgeschrieben, denn andernfalls hätte man den Toten verleugnet, der dann wiederum an dem Neugeborenen Rache nehmen und seinen Tod herbeiführen könnte.[24]

Wie stark man sich heute, dank des wissenschaftlichen Fortschritts, bisweilen gegen den drohenden Tod eines Kindes wehren kann, belegt ein durch die Medien gegangener Fall, bei dem Eltern sich zur Zeugung eines Kindes entschlossen, um ihre todgeweihte Tochter vielleicht zu retten, für die ein geeigneter Knochenmarkspender fehlte. Sicherlich handelt es sich hier um eine außergewöhnliche Situation, doch gehört nicht die Vorstellung, Leben neu schaffen oder auch »reparieren« zu können, unbewußt zur Phantasie des Zauberlehrlings? Ein Kind in die Welt zu setzen, um ein Leben zu retten – ist das eine ausreichende Rechtfertigung? Wird dieses Kind nicht letztlich auf so etwas wie ein Organdepot reduziert? In der Realität kommt dies selten vor, doch kann das Wissen um diese Möglichkeit Eltern, deren Kind ohne eine Organspende zum Tod verurteilt ist, in quälende Konflikte stürzen. Der Gedanke, sie hätten selbst etwas tun können, um ihr Kind zu retten, kann unermeßliche Schuldgefühle auslösen. Diese schwierige Situation muß mit ihnen besprochen werden, damit sie von diesen Phantasien, ein Kind als Produkt und nicht als eigenständigen Menschen zu schaffen, befreit werden. Familiäre Interessen stehen hier im Konflikt mit dem gesellschaftlichen Verständnis von Ethik. Beides muß Gegenstand behutsamer Überlegungen sein, weil hier unmittelbar das Unbewußte einzelner Menschen, wenn nicht künftiger Generationen, berührt wird.

Trauer und medizinische Einrichtungen

In den letzten Jahren sind Bestrebungen in Gang gekommen, für todkranke Patienten spezielle Hospize einzurichten, die den Bedürfnissen der Sterbenden sowie denen ihrer Angehörigen entgegenkommen. Zwar steckt diese Entwicklung noch in den Anfängen, doch deutet sie immerhin an, daß man Sterbebegleitung und Trauerarbeit in unserer Gesellschaft inzwischen einen größeren Rang einzuräumen bereit ist. Man hat erkannt, daß die weitgehend praktizierte Isolierung für den Trauernden und manchmal sogar für seine Kinder psychische und physische Störungen nach sich ziehen kann. Also geht es darum, das Fehlen jener Zeremonien auszugleichen, mit denen sich früher eine Familie oder eine Gemeinschaft um die Trauernden zusammenschlossen.

Daß der Tod heute von der Medizin verwaltet wird, ist eine unbestrittene Tatsache, die zum einen eine wachsende Ablehnung des Todes zur Folge hat, und in Großstädten, wo die Menschen oft alleine leben, wird der Tod besonders verdrängt. Andererseits spiegelt die Einlieferung von Sterbenden ins Krankenhaus sicher auch die Illusion wider, die Medizin könne noch etwas tun, oder es kommt in diesem Rückgriff auf eine medizinische Institution das Unvermögen der Angehörigen zum Ausdruck, die Agonie und das Leiden mitanzusehen.

Was bedeutet diese Entwicklung nun für die Trauer? Seitdem die Religionen an Bedeutung verloren haben – insbesondere was die Hinnahme schicksalsbedingten Leidens betrifft –, gilt die Wissenschaft als das Hilfsmittel schlechthin. Der Medizin, häufig einer exakten Wissenschaft gleichgesetzt, werden teilweise ähnliche Machtbefugnisse wie Gott oder der Religion zugeschrieben. Die wachsende Intoleranz gegenüber Schmerz und Krankheit geht offensichtlich auf eine mystische Auffassung von der Medizin zurück: Der Arzt ist allmächtig, die Medikamente werden immer wirksamer. Bereits viele primitive Kulturen haben ihren Medizinmännern häufig eine gottähnliche Position zugestanden. In der westlichen Welt ist der Arzt oftmals zugleich Seelenberater. Michael Balint (1966) hat hinsichtlich des therapeutischen Aspekts der ärztlichen Tätigkeit gar von einer »apostolischen Funktion« gesprochen, weil Ärzte, teilweise unbewußt, die Vorstellung vermitteln, ihr Wissen sei das Gesichertste überhaupt – woraus die Verpflichtung folge, ihre Anordnungen uneingeschränkt zu befolgen. So erlebt man häufig, daß Patienten sich zwar über die Nebenwirkungen von dieser oder jener Arznei oder über die Unwirksamkeit von dieser oder jener Behandlung wundern, doch auf gar keinen Fall würden sie die Kompetenz des Arztes in Frage stellen, und jedes Abweichen von seinen Anordnungen würde Schuldgefühle oder ein Absetzen der Therapie zur Folge haben.

Die Illusion einer allwissenden Medizin ist mit der Vorstellung unvereinbar, daß einige Krankheiten weiterhin nicht heilbar sind. Taucht bei einer schwerwiegenden Erkrankung der Gedanke an den Tod auf, so treten psychische Schutzmechanismen in Kraft, die diese entsetzliche Vermutung bekämpfen – der Kranke taucht ein in eine Vergangenheit, die er um die Krankheit herum vollständig neu rekonstruiert. Das ursprüngliche Nicht-wahrhaben-Wollen, das heißt die Weigerung, die Störungen und deren Folgen zur Kenntnis zu nehmen, gründet zuweilen auf einer modernen Utopie, die den Fortschritt der Medizin mit der Bekämpfung der menschlichen Sterblichkeit gleichsetzt. Ähnlich wie zahlreiche andere Lebenserfahrungen aber macht Krankheit die Bereitschaft notwendig, vielfältige Einschränkungen anzunehmen. Jean-Louis Pedinielli (1987) spricht gar in Anbetracht der allmählichen Hinnahme der eigenen Machtlosigkeit von einer der Trauerarbeit vergleichbaren »Krankheitsarbeit«.

Für Patienten, die sich in der Endphase ihrer Krankheit befinden, bedeutet diese Einsicht oft den unbarmherzigen Abschied vom Traum einer perfekten Medizin, und einige gleiten dann in die Depression ab. Diejenigen, die weiter an ihr Überleben glauben, erschweren ihrer Familie, die schließlich ebenfalls an diese Unverwundbarkeit zu glauben beginnt, die Trauer, denn nach dem Tod stellt sich alles plötzlich als Trug heraus. Das Aussprechen einer Diagnose, die eine chronische Krankheit oder den baldigen Tod ankündigt, kann einen ähnlichen Bruch darstellen, wie es der Verlust eines nahen Verwandten tut. Nur durch allmähliche Lösung der Objektbindung kann die Trauerarbeit um die verlorene Gesundheit bewältigt werden – wobei es sich bei dem potentiell verlorenen Objekt in diesem Fall um das Subjekt handelt, denn durch die Krankheit verliert der Betroffene eine gewisse Autonomie, körperliches Wohlbefinden, vielleicht Schönheit. Was er vor allem verliert, ist das berühmte Schweigen der Organe, mit anderen Worten die Unbefangenheit gegenüber seiner Gesundheit. Es kommt daher oft zu Vergeltungsmaßnahmen gegen diesen Körper, der ihn verraten hat. Dies wird an anderer Stelle noch einmal aufgegriffen werden. Allerdings ist auch festzustellen, daß durch eine verbesserte Information seitens der Ärzte die Bereitschaft wächst, den Verlust der Gesundheit zu akzeptieren.

Zur medizinischen Handhabung von Leben und Tod gehört auch das Vordringen auf den Sektor der Trauerarbeit. Man kann dies als Vorstoß in ein Vakuum verstehen, das nach dem Verschwinden der alten Bräuche entstanden ist, als einen Versuch, dem Trauernden nach schweren Erfahrungen eine kollektive Unterstützung zukommen zu lassen, bis sich neue Strukturen herausgebildet haben.

Diagnose und
Verlust der Unverwundbarkeit

Die Vorstellung von der eigenen Unverwundbarkeit ist eng mit dem Bild guter Gesundheit verbunden, wobei Gesundheit ein ebenso vager Begriff ist wie Normalität. Je nach Epoche variierend und verknüpft mit dem Stand der medizinischen Entwicklung, hängt er einerseits von der subjektiven Befindlichkeit des einzelnen ab, der sich indes bei einer schweren, jedoch symptomlosen Erkrankung, wie es ein Tumor im Anfangsstadium ist, bestens fühlen kann. Andererseits spielt das soziale Umfeld eine Rolle, denn ein Behinderter kann als Sachbearbeiter im Büro eine vollwertige Arbeitskraft sein, wird in anderen Berufen jedoch als untauglich ausgemustert.

Ähnlich wie wir den Gedanken an unseren Tod verdrängen, solange es keinen Grund dafür gibt, denken wir nicht weiter über unsere Gesundheit nach, solange wir nicht krank sind. Gleichwohl sind unsere Reaktionen in schwierigen Situationen durch unsere Vorstellungen von Krankheit und Gesundheit bedingt. Anthropologen und Philosophen, die sich seit langem mit diesem Thema beschäftigt haben, bieten hier mehrere Denkmodelle an. Vergleicht man diese mit dem Bild, das die Patienten selbst haben, ist es möglich, den emotionalen Aspekt der Krankheit von der abstrakten Definition der Gesundheit zu trennen.

Die Entwicklung des Krankheitsbegriffs

Bei seinem Versuch, das Normale und das Pathologische zu erfassen, hat Georges Canguilhem zur Analyse des Begriffs Gesundheit die Definition von René Leriche übernommen, für den Gesundheit »das Leben inmitten der schweigenden Organe«

darstellt. Canguilhem hingegen meint, daß allein die Krankheit eine Erkenntnis der normalen Funktionen des Organismus zulasse – und zwar genau in dem Moment, wenn diese Funktionen versagen. Seiner Ansicht nach ist die Gesundheit als Stadium »organischer Unschuld« gar nicht berechtigt, ein Wissen oder gar eine Wissenschaft der Gesundheit hervorzubringen, da erst ihr Verlust ein Wissen über sie ermögliche.[1] Das heißt, daß erst durch das Versagen eines Organs dessen normale Funktion offengelegt wird.

Dieses schlichte Paradox charakterisiert die Entwicklung einer monistischen Auffassung von Medizin Ende des 19. Jahrhunderts, wie sie inbesondere von Claude Bernard formuliert wurde. Vorher hatte man Krankheit und Gesundheit – ähnlich wie gut und böse – als Gegensatzpaar gesehen, das sich entsprechend der dualistischen Vorstellung die Welt teilte. Folglich verstanden es die damaligen Forscher als ihre Aufgabe, Krankheit und Gesundheit eindeutig zu strukturieren und zu ordnen. Die Krankheit war Gegenstand einer ontologischen Auffassung: Sie existierte »an sich«, gewissermaßen für sich. Diese Auffassung wurde dann durch das Aufkommen der experimentellen Medizin zunichte gemacht, indem der Akzent auf die Pathologie und die Organforschung verlagert wurde.

Die Krankheit wird nicht länger als etwas gesehen, das dem Betroffenen grundlegend fremd wäre – sie gehört zu ihm und bedeutet eine Störung seines Gesamtzustands.[2] Claude Bernard zufolge ist der Übergang vom normalen zum pathologischen Zustand unmöglich zu fassen, beide befinden sich auf derselben Achse – als bestes Beispiel für die enge Verschmelzung von Physiologie und Pathologie betrachtete er die Zuckerkrankheit. In seinen *Leçons sur le diabète et la glycogenèse animale* (1877) hat Bernard seine Erkenntnisse verallgemeinernd zusammengefaßt: »Diese Vorstellungen vom Kampf zweier entgegengesetzter Faktoren, eines Antagonismus zwischen Leben und Tod, Krankheit und Gesundheit, roher und beseelter Natur sind überholt. Die Kontinuität der Phänomene, ihre unmerkliche Steigerung und ihre Harmonie muß anerkannt werden.«

Ein gesunder Körper und ein kranker Körper sind also identisch, sieht man einmal davon ab, daß sie unterschiedlich funktionieren. Während die cartesianische Medizin einen Wesensunterschied, eine qualitative Diskrepanz zwischen Krankheit und Gesundheit postuliert hatte, wies die experimentelle Medizin nach, daß dieser Unterschied lediglich ein quantitativer war. Dies erklärt, weshalb erstere ihr Hauptaugenmerk auf die Anatomie, die Strukturen, und letztere das ihre auf die Physiologie, die Funktionen richtete.

Das »Diktat« der Objektivität

Indem er voraussetzte, die Anomalie existiere nur als quantitative, also meßbare Abweichung von Normwerten, bereitete Claude Bernard zugleich einer »biologisierenden« Tendenz der Medizin den Weg. Mit physikalischen oder chemischen Instrumenten ausgerüstete Ärzte, Anhänger von Miniaturlabors und Formeln jeder Art, begannen, Zahlen, Werte und sämtliche numerischen Parameter aufzunehmen, ohne die sie einen Kranken von einem Gesunden nicht mehr unterscheiden konnten. Die Anfänge der experimentellen Medizin leiteten den Rückgang der diagnostischen Medizin ein, indem die bisherige Erklärung in Frage gestellt wurde, daß eine Krankheit durch eine im Gewebe oder an einem Organ feststellbare Verletzung ausgelöst wird.

Inzwischen teilen sich die Erklärungsansätze für Krankheitsursachen in stark kontrastierende Positionen auf. Die Unterteilung in exogen – die Krankheit dringt von außen ein – und endogen – die Krankheit dringt von innen nach außen vor – gehört zu den üblichsten Deutungen. Daneben existieren Modelle aus dem Bereich der medizinischen Anthropologie, doch handelt es sich hierbei um Intellektualisierungen, die für eine spontane Anwendung nur selten in Frage kommen.

Die exogene Krankheitsdeutung

Jeder, der die Diagnose hört, daß er schwerkrank ist, beginnt nach den Ursachen zu forschen. Dieses innere Suchen gehört zu den Mechanismen, die vor der aufkommenden Angst schützen sollen. Bei Krankheiten exogenen Ursprungs geht man von einem äußeren Auslösefaktor aus; sie werden fast als Unfälle angesehen, vorherige Beziehungen zum Zustand des Betroffenen scheinen nicht zu existieren.

Während bei der Erklärung von Krebserkrankungen die exogene Deutung angesichts neuer Erkenntnisse auf dem Gebiet der Immunologie und der genetischen Forschung immer mehr an Bedeutung verliert, wird bei eher nebensächlichen Erkrankungen die Schuld weiterhin auf äußere Faktoren geschoben. Volkstümlich heißt es, man fange sich einen Schnupfen oder eine Grippe ein. Magenschmerzen bekommt man von Eiern oder Schokolade, Depressionen führt man auf das Leben in den Großstädten zurück, die für Streß aller Art sorgen. In diesem Denkansatz wird die kausale Zuordnung auf die Außenwelt projiziert und der Betroffene damit gewissermaßen entlastet. »Die Krankheit hat mich gepackt«; »diese Geschichte hat mich vollkommen durcheinandergebracht« – solche Redewendungen waren vor noch gar nicht langer Zeit auch aus dem Mund von Krebspatienten zu hören. Heute hat hier ein Wandel stattgefunden.

Häufig äußern Kranke die Vermutung, die Krankheit sei bei ihnen latent vorhanden gewesen, ehe sie aufgrund eines äußeren Faktors, meistens durch ein streßbringendes Erlebnis, plötzlich ausgebrochen sei. Zu diesem Zeitpunkt wird die Erkrankung noch als etwas grundsätzlich Fremdes angesehen, und die Überschneidung von außen und innen bei der Ursachensuche kann schwere psychische Störungen auslösen, wie es gelegentlich nach der Konfrontation mit einer Krebsdiagnose der Fall ist. Dann wird oftmals eine entwaffnende Weigerung, zu sehen, zu verstehen und zu handeln, beobachtet, die im Widerstand gegen die Krankheitsvorstellungen und ihre Entstehungsursachen ihre Wurzeln hat.

Bei einer Therapie mit Krebspatienten kann man immer wieder feststellen, daß die Betroffenen ihre Krankheitsvorstellungen zu Beginn deutlich artikulieren. Das ist notwendig, um dem Unsagbaren einen Namen geben zu können, und trägt zudem dazu bei, das vom Patienten erfahrene Trauma zu rekonstruieren.

Krebs und Syphilis, früher als Schanker bezeichnet, haben nicht nur beide ihren etymologischen Ursprung im Lateinischen »Cancer«; gemeinsam ist ihnen auch, daß durch die Diagnose gern mit Sexualität und Begierde verbundene Schuldgefühle ausgelöst werden, und zwar nicht nur bei Erkrankungen der Genitalorgane. Bei den nachträglichen Erklärungen nehmen einige Patienten regelrechte Schuldzuweisungen vor. Der Begriff Krebs, Karzinom, leitet sich vom gleichnamigen Sternbild ab, was teilweise der religiösen, gar magischen Vorstellung Vorschub geleistet hat, diese Krankheit unterliege einem höheren Willen. Auch assoziieren viele Patienten die Krankheit mit den Merkmalen des Tieres und sehen darin den abscheulichen Charakter ihrer Erkrankung bestätigt.

Die folgenden Beschreibungen entstammen der Vorstellungswelt von Kranken und von Gesunden, wobei letztere sich morbiden und phantastischen Bildern viel stärker hingaben. Ob Krebse, Langusten oder andere Krustentiere – die Besonderheiten der Karzinome werden häufig diesen Tieren zugeordnet. Der Krebs lebt leise im Verborgenen. Er ist »ekelerregend« wie alle Lebewesen, die im Schlamm oder in Abwässern zu Hause sind. Seine vielen Beine erwecken die Assoziation von »Wimmeln« – daher die Furcht vor Metastasen, jenen unvorhersehbaren Kolonisierungen, die schließlich zum Schlimmsten führen: zum allgemeinen Befall des Körpers. Ähnlich dem Krebstier ist das Karzinom nicht nur stark oder unangreifbar, es kann sich auch seiner Umgebung anpassen und sich äußerst schnell bewegen. Seine Unbesiegbarkeit rührt von der Fähigkeit, sich rasch zu vermehren. Zahlreiche Patienten empfinden Panik bei dem Gedanken an seine Wiederkehr.

Schließlich – und nicht zuletzt – verknüpfen die Betroffenen den Schmerz, den sie erleiden müssen, mit dem Bild des Krebses: Seine Zangen, Krallen und Stacheln sind Folterinstrumente, die bei den Darstellungen des Jüngsten Gerichts vorkommen – vermutlich spricht man deshalb von einem »malignem« Tumor. Georg Groddeck (1934) zufolge steht das deutsche Wort Krebs in Zusammenhang mit dem Kanevas, einem gitterartigen Geflecht, und veranschaulicht die dichte Verflechtung des Tumors mit dem umliegenden Gewebe. Diese Verquickung – die krankhafte Wucherung ist nicht klar begrenzt – widerspricht einer exogenen Krankheitsauffassung, und oftmals ist eine exakte operative Entfernung nicht möglich, was in unserer Kultur häufig als Todesurteil verstanden wird. Aus diesem Grund auch werden Chemotherapien schlecht akzeptiert; die Skepsis gegen sie resultiert nicht allein aus der Angst vor Nebenwirkungen, sondern auch aus dem Gefühl heraus, daß sie weniger radikal und damit weniger wirksam zu sein scheinen. Manche Patienten treiben die exogene Sichtweise so weit, daß sie die Erkrankung völlig leugnen, um sich gar nicht damit auseinandersetzen zu müssen.

Abwehr und Verdrängung

Ärzte klagen, daß Patienten nur mangelhaft ihre Anordnungen einhalten und zuviel Zeit verstreichen lassen, bis sie mit ihren Symptomen den Arzt aufsuchen. Aufklärung ist also dringend geboten, um Angst abzubauen oder einer masochistischen Haltung vorzubeugen, die Hilfsmöglichkeiten zurückweist. So lassen wissenschaftliche Untersuchungen zur Persönlichkeit von Frauen mit Brustkrebs die Folgerung zu, daß die Verleugnung der Realität ihre Ursachen in der Weigerung hat, gefährliche Gedanken oder Situationen an sich heranzulassen. Dieser Vorgang verlangt ein großes Maß an Energie, weil er die Aufhebung der unangenehmen Gedanken oder Gefühle voraussetzt, die sich in ernsten Situationen jedoch gelegentlich als nützlich erweisen. In seinem Buch *Aufstand gegen die Masse* hat Bruno Bettelheim die Reaktionen von Insassen des Konzentrationslagers, in dem er selbst gewesen ist, beschrieben. Die Deportierten schienen sich angesichts des Alptraums, der sich vor ihren Augen abspielte, blind zu stellen, weil sie dank jenes fiktiven Schirms, den sie zum Schutz ihrer Identität gegen die sadistische Behandlung durch ihre Peiniger errichtet hatten, all die Entbehrungen und Qualen »besser« ertragen konnten. Untersuchungen bei Patienten mit Erkrankungen der Herzkranzgefäße interpretieren die Realitätsabwehr in ähnlicher Weise: »Ihr Ziel ist es, eine schreckliche Dimension der Wirklichkeit zu mildern, damit dem Betroffenen ein Leben unter geringerem Streß möglich ist.«[3] Im Bereich der Chirurgie hat man beobachtet, daß eine postoperative Verleugnung am wirksamsten dafür sorgt, daß die durch die Anästhesie ausgeschalteten Funktionen allmählich wieder in Kraft treten, daß Angst hingegen die Genesung stark verlangsamt. Ist die Phase akuter Angst vorbei, muß die Verleugnung der Wirklichkeit einschließlich der daraus resultierenden Gefühle von einer Auseinandersetzung mit der neuen Situation abgelöst werden, damit diese schließlich ins Leben integriert werden kann.

Unter den Krebserkrankungen bietet sich das Brustkarzinom deswegen beispielhaft für eine Verleugnung an, weil es einen Körperteil betrifft, dem eine vierfache Symbolik anhaftet: Weiblichkeit, Mutterschaft, Schönheit und Erotik.

Trauer um die Unverwundbarkeit

Betrachten wir die Ergebnisse einer älteren Studie, deren Ansatz von zahlreichen nachfolgenden übernommen wurde: Darin geht es um hundertfünfzig Frauen, die wegen eines Knötchens noch unbekannten Ursprungs den Arzt aufsuchen. Jene, die nach dieser freiwilligen Konsultation mit der Diagnose »Krebs« konfrontiert werden, kommen erst wieder, wenn der Tumor bereits auf sechs Zentimeter im Durchschnitt herangewachsen ist. Die Frauen mit einer gutartigen Geschwulst dagegen erscheinen zur

Kontrolle, wenn das Knötchen durchschnittlich zwei Zentimeter groß ist.

Warum dieser Unterschied? Auf die Frage, warum der Arztbesuch so lange hinausgeschoben wurde, kommen zwei Verleugnungstypen zum Vorschein.

Der erste Verleugnungstypus lehnt eine Krebsdiagnose durch Dritte ab. Zwar wird eine mögliche Erkrankung nicht ausgeschlossen, doch weil man die Bestätigung fürchtet, sprechen die Frauen darüber nicht mit ihrem Arzt. Jacqueline Lanouzière (1981) hat diese Denkweise als nominalistisch bezeichnet, das heißt, Dinge existieren erst, wenn sie benannt werden. Denkt man daran, daß in vielen Kulturen die Namen Verstorbener während der Trauerzeit nicht erwähnt werden dürfen und auch bei uns von Toten eher mit gesenkter Stimme gesprochen wird, so drängt sich die Vermutung auf, es könnte eine symbolische Verbindung zwischen Tod und Krebs bestehen oder die Angst vor dem Tod könnte sich in unserer Zeit zur Angst vor dem Krebs gewandelt haben. Wenn Frauen erfahren, daß es sich bei ihnen um einen bösartigen Tumor handelt, flößt ihnen die Sprache des Arztes meist Angst ein. Das Wort »Krebs« erfüllt sie mit einem Gefühl von Machtlosigkeit. Die interviewten Frauen bestätigen dies, und manche geben sich gar der naiven Vorstellung hin, ein Herunterspielen könne ein magisches Verschwinden des Knötchens bewirken.

Der zweite Verleugnungstypus erkennt zwar die Krankheit an, trennt aber das befallene Organ gedanklich vom übrigen Körper. Der Körper ist schuldig, wird lächerlich gemacht; die Brust ist feindselig, ein Symbol negativer Weiblichkeit. Diese Frauen assoziieren ihre Brüste häufiger mit Schmerz oder Störung als mit Sanftheit oder Zärtlichkeit. In diesem Zusammenhang wird von der Brust als »zahlendem Organ« oder gar als »Symbol der Schuld« gesprochen. Solche Schutzmechanismen sind indes nicht isoliert zu betrachten, sondern sind im Kontext einer meist unauffälligen Persönlichkeit zu sehen. Oftmals ist die Kindheit dieser Patientinnen freudlos gewesen, und auch chronische Depressionen, gespeist aus zahlreichen belastenden

Erfahrungen, werden zu Protokoll gegeben. Da vor allem aber bei der Entstehung von Brustkrebs genetische Faktoren eine Rolle spielen und einige Krankengeschichten bei der Mutter Brustkrebs als Todesursache nennen, wird bei diesen Patientinnen ein fatalistisches Gefühl erzeugt, weil sie selbst das gleiche Schicksal zu ereilen droht.

Persönlichkeit und Abwehr der Realität

In jüngeren Untersuchungen hat man versucht, bei Frauen mit Brustkrebs eine spezifische Persönlichkeitsstruktur nachzuweisen. Um eine zuverlässige Auswertung und ein gutes wissenschaftliches Datenmaterial zu gewährleisten, konsultieren Patientinnen wegen eines Knotens in der Brust zwei verschiedene Ärzte und führen noch vor der Gewebeuntersuchung Gespräche mit ihnen. Laut Michael Wirsching und seinen Mitarbeitern (1982) ist eine hervorragende Übereinstimmung der beiden Gutachter zu verzeichnen.

Achtzig bis fünfundneunzig Prozent der Krebsdiagnosen sind zutreffend, siebzig Prozent der bedeutungslosen Knötchen werden nach einem einzigen Gespräch, noch vor der Bestätigung durch die Gewebeuntersuchung, als solche erkannt. Die psychischen Merkmale krebskranker Patientinnen sind auch bei einem Viertel bis zu einem Drittel derjenigen Patientinnen zu finden, deren Zyste gutartig ist. Sie zeigen sich stärker erschrocken als jene Frauen, die mit der Diagnose »Krebs« leben müssen; diese nämlich geben sich optimistisch und selbstsicher, und die Autoren der Studie sprechen gar von einer »heroischen« Haltung, die ihrer Ansicht nach einem »verzweifelten Optimismus« entspringt.

Gefragt nach der Beeinträchtigung ihrer Autonomie durch die potentielle Krankheit, meinen die krebskranken Patientinnen, daß sie keine Hilfe benötigen und unabhängig seien. Auch legen sie die sonderbare Neigung an den Tag, ihre eigenen Aktivitäten aufzugeben, um sich für andere aufopfern zu können... All dies kommt doch einer Abwehr der Realität, einer Leugnung des Ernstes der Krankheit, einem Beiseiteschieben der damit verbundenen Gefühle und der Weigerung, um die verlorene Gesundheit zu trauern, gleich.

Pierre Marty und Claude Jasmin (1990) sind bei einer Untersuchung französischer Frauen zu ähnlichen Ergebnissen gekommen. Ihrer Ansicht nach zeichnen mehrere Faktoren die Persönlichkeit von Frauen mit bösartigem Brusttumor aus: hysterische Charakterzüge, ein überzogenes Selbstwertgefühl und nicht bewältigte Trauerfälle in der jüngeren Vergangenheit. Die Weigerung, ihre Angst, obwohl diffus vorhanden, explizit zu äußern, unterscheidet sie deutlich von der Kontrollgruppe mit gutartigen Knötchen. Neu an dieser Studie ist, daß hier ernsthaft der Nachweis erbracht wurde, daß ein unbewältigter Trauerfall eine Rolle spielen kann. Damit hat diese Studie teil an der gegenwärtigen Kontroverse zwischen Neuroimmunologen und Psychosomatikern. Erstere beschreiben die Interaktionen zwischen Nervensystem und neuroendokrinem System als Ursache für bestimmte Krankheiten, letztere untersuchen die psychischen Faktoren, die an der Entstehung von Krankheiten beteiligt sind. Beide tragen, ohne dieselbe Sprache zu sprechen, im Grunde zur Entwicklung einer neuen Disziplin bei – der Psychoneuroimmunologie.

Des weiteren haben Marty und Jasmin beobachtet, daß die an Brustkrebs erkrankten Frauen jegliche körperliche Störung in spezifischer Weise unbewußt ablehnen, und es stellt sich die Frage, ob es sich dabei nicht um ein an der Entstehung des Krebses beteiligtes Persönlichkeitsmerkmal handelt. Anhänger der Neurobiologie werden diese Hypothese solange nicht gelten lassen, wie die Betroffenen, die zum Zeitpunkt der Erhebung zwar krank sind, aber es nicht wissen, keine Verhaltensänderung aufweisen, die mit der latenten Erkrankung unter Umständen zusammenhängen könnte. Solche Veränderungen müßten im Gespräch herausgearbeitet werden, denn Krebserkrankungen haben auf zellulärer Ebene frühzeitige und unerforschte Auswirkungen.

Unserer Ansicht nach kann die Hypothese bestätigt werden, wonach anfällige Personen, die sich mit den Trauerfällen des Lebens schwertun, genau diejenigen sind, die sich weigern, ihre Erkrankung zu akzeptieren. Die Trauer um sich selbst, die Trauer um die kindliche Phantasie der Unverwundbarkeit ist sicher nur möglich, wenn man die vielfältigen Veränderungen des Lebens hinnimmt, was gerade auf diese Menschen nicht zutrifft. Die Trauer um sich selbst erfordert die gleichen Eigenschaften wie die Trauer um den anderen: Flexibilität gegenüber Veränderungen und Erfahrungen, Fähigkeit zur Infragestellung und Kommunikation, zum Austausch der Gefühle, Ängste und Begierden.

Das endogene Krankheitsbild

In diesem der exogenen Vorstellung entgegengesetzten Denkmodell begreift der Betroffene die Krankheit als sein eigenes Produkt, sieht sie abhängig von seinem Temperament, seiner Konstitution, seinem Erbgut oder seiner Persönlichkeit. Dieser endogene Ansatz ist seit der Erforschung des Immunsystems und der genetischen Zusammenhänge zu einem wichtigen Schwerpunkt der modernen Medizin geworden. Das befallene Organ wird hier nicht gedanklich vom übrigen Körper getrennt, sondern man begreift die Krebserkrankung zunehmend als Ergebnis eigener Verhaltensweisen oder familienbedingter Dispositionen. Im übrigen können unterschiedliche Faktoren zusammenwirken, besonders wenn sie mit einer Schwäche des Immunsystems einhergehen. Diese wiederum steht in Zusammenhang mit einer starken Abwehrhaltung der Persönlichkeit, die sich schwierigen Situationen oder existentiellen Problemen nicht zu stellen vermag.

Ein besonderes Beispiel für diese Auffassung bieten die Sprüche von vielen an Lungenkrebs erkrankten Rauchern. »Ich habe mir den Krebs selbst ausgesucht«, behauptet eine Frau in herausfordernder Haltung. Die fünfzigjährige Ressortleiterin einer großen Zeitschrift erläutert zynisch, wie sie sich ihre Krankheit »ausgewählt« habe. Mit kaum verhüllter Aggressivität schimpft sie, der Pfleger im weißen Kittel sei ein Zensor, der einengende Regeln zur Lebenshygiene verkünde. Müssen Ärzte und Pflegepersonal eine Art Vormundschaft übernehmen, wenn Patienten auf infantile Weise versuchen, ihre Wünsche zu befriedigen? Woran denken Patienten, die auf Pflege angewiesen sind, wenn sie durch nachlässiges Verhalten an der Entstehung ihrer Krankheit mitgewirkt haben?

Über die Abwehr hinaus, die schnell unwirksam wird, wenn der Schmerz an die erste Stelle tritt, erlebt man eine Identifikation mit dem Aggressor. Im konkreten Fall ist der Aggressor der Betroffene selbst, wird jedoch losgelöst vom eigenen Organismus erfahren und macht sich über die Mißgeschicke »seines Gerippes« lustig. Solche Redewendungen sind häufig anzutreffen bei Patienten, die hinter dem Spott eine sehr reale Depression zu verbergen trachten, und bestätigen das Unvermögen, um die eingebüßten körperlichen Fähigkeiten zu trauern. Da scheint es bequemer zu leugnen, daß jemals eine Bindung an die eigene Existenz bestanden hat. Die Aggression der lungenkranken Ressortleiterin erreicht ihren Höhepunkt, wenn sie ausruft: »Ich habe mir wenigstens meinen eigenen Tod ausgesucht und Spaß gehabt! Euer Risiko ist es, an irgendeiner Straßenecke überfahren zu werden!« In ihrer Realitätsabwehr und in einem Anflug von Größenwahn glaubt sie, den Tod zu beherrschen. Sie sieht sich als Schicksalsgöttin, die die Fäden für das eigene Leben zieht und zuweilen das Schicksal anderer vorhersagen kann.

Glücklicherweise ist eine solch extreme Reaktion nicht allzu häufig anzutreffen, doch offenbart sich darin die Tendenz des endogenen Krankheitsbildes, die Krankheit vollkommen in der Hand haben zu wollen. Trotz des offenkundigen allmählichen Kräfteverfalls äußern diese Patienten den Wunsch, die Krankheit zu überwinden. Sie leugnen also nicht die Krankheit selbst, negieren jedoch deren unausweichliche Folgeerscheinungen.

Philippe liefert uns hierfür, als seine letzten Stunden nahen, ein Paradebeispiel. Er ist ein fünfundvierzigjähriger Werbetexter, der mit seiner türkisfarbenen Dschellaba blendend aussieht und in der Krankenhausumgebung wie ein Bote des Sommers wirkt. Sein Arzt hat ihn hierher überwiesen, weil sein Verhalten und seine absonderlichen Pläne ihn beunruhigten. Philippe zeigt alle Anzeichen großer Atemnot und hat keine Aussicht auf Heilung; nach seiner Entlassung kann er nur noch auf Schmerzmittel hoffen. Seinen Lungenkrebs kommentiert er damit, daß er nur das bekomme, »was er sich selbst eingebrockt habe«. »Wie ein Schornstein habe er geraucht« und damit gerechnet, »eines Tages dafür zu bezahlen«. Sein wallendes Gewand verliert schnell an Reiz, wenn man begreift, was es bezweckt – nämlich die furchtbare Magerkeit des Patienten zu verstecken. In der Tat haben Philippes Sprache und Verhalten dasselbe Ziel: Indem er jede Form von Passivität und Regression ablehnt, will er seinen Platz mitten im Leben dokumentieren. Ob er Hanteln hebt, das Training seines Sohnes für die Skateboardmeisterschaft erwähnt oder seine beruflichen Pläne erläutert, die er auf seinem tragbaren Computer konzipiert – Philippe gibt deutlich zu verstehen, daß er nicht sterben will. Die Ablehnung seiner Krankheit geht sogar so weit, daß er seine Schmerzen verschweigt und sich auf ein bescheidenes Leben einrichtet, das ihm erlaubt, jeder Regression zu entgehen.

Doch die schmerzhafte Realität verschafft sich Geltung. Obwohl die Atemfunktion zusammenbricht, ist die Familie entschlossen, den Patienten zu Hause zu pflegen. Jetzt kommt heraus, daß Philippes Frau ein Jahr zuvor an Krebs gestorben ist. Als er daran erinnert wird, wehrt er traurige Gefühle ab: »Das alles ist Geschichte, der Tabak entvölkert den Beruf. In der Werbung gibt es viel Streß…« Weil er selbst bereits ein Jahr später erkrankte, war es Philippe nicht möglich, die Trauerarbeit um seine Frau zu leisten. Statt dessen gibt er vor, jede Schwierigkeit meistern zu können, und identifiziert sich euphorisch mit seinen beiden Kindern: »Meine Kinder sind genial! Ich möchte wie sie sein, immer auf Hochgeschwindigkeit programmiert! Stellen Sie sich mal vor, ich mit meiner Sauerstoff-Flasche auf einem Skateboard!« Philippe entscheidet sich, nach Hause zu gehen, und lehnt schmerzstillende Mittel ab. Er kann nur mühsam den krampfartigen Schmerz unterdrücken, der sein Gesicht verzerrt, als die gewaltige Anspannung während des Gesprächs nachläßt. Der Patient, der jedwede Hilfe kategorisch ablehnt, kehrt nach Hause zurück und stirbt dort einige Tage später.

Sind Ärzte und Pfleger mit solch extremer Ausprägung des endogenen Krankheitsbilds noch leidlich vertraut, so stellt sich dies für die Familie anders dar. Aus naheliegenden Gründen kann sie Philippe nicht mit der Realität, die er beharrlich abwehrt, konfrontieren. Die Kinder aber haben ihrerseits große Mühe, die für sie ausgedachte Inszenierung zu akzeptieren, damit ihr Vater keinen Gesichtsverlust erleidet. Und es kann dazu führen, daß sie sich am Ende weigern, den Tod des Vaters zu akzeptieren. Die endogene Auffassung entspricht haargenau unserem zunehmend einsamer werdenden und individualisierten Leben. In Philippes Fall handelt es sich um einen besonders schweren depressiven Zustand, der unabhängig von organischen oder genetischen Faktoren ursächlich mit dem Krankenhausaufenthalt oder der Aufklärung über den Krankheitszustand zusammenhängt, denn eine als traumatischer Bruch erfahrene Krankheit löst zuweilen eine katastrophale Depression aus. Wird eine schwere Erkrankung als endogenes Leiden interpretiert, kann dies wahnhafte Schuldgefühle, Selbstvorwürfe, Selbstverachtung und eine zum Tode führende, quälende Vernachlässigung hervorrufen.

Als Rodolphe, ein ehemaliger leitender, soeben in den Ruhestand versetzter Angestellter ins Krankenhaus aufgenommen wird, weist er als einzige Symptome einen leichten Gewichtsverlust und eine ungewohnte Müdigkeit auf. Bei den Untersuchungen wird schnell Krebs im fortgeschrittenen Stadium festgestellt. Unter Abwägung der verschiedenen Behandlungsmöglichkeiten wird eine Strahlentherapie beschlossen. Im Verlauf des Abschlußgesprächs bringt der Patient Erlebnisse aus seiner beruflichen Laufbahn sowie seine zwiespältigen politischen Überzeugungen zur Sprache – der Krankenhausaufenthalt scheint quälende Erinnerungen zu wecken. So wäre er als junger Mann gegen Ende des Zweiten Weltkriegs um ein Haar der SS-Division »Charlemagne« beigetreten. Es kommt einem vor, als sei der Patient meilenweit von seiner Krankheit entfernt, als nutze er die veränderte Situation, um seine Vergangenheit aufzuarbeiten. Der Versuch der Ärzte, ihm die Diagnose zu erläutern, wird schlicht ignoriert – Rodolphe nimmt seine Krankheit und die in Aussicht genommene Behandlung nicht zur Kenntnis. Erst nach der ersten Phase der Strahlentherapie verändert sich sein Verhalten vollständig. Versuchte dieser ernste Mann bei früheren Sitzungen leidenschaftlich, sich an seine Vergangenheit zu erinnern, versinkt er jetzt in tiefe Lethargie. Offensichtlich hat er – ohne Fragen zu stellen – jetzt das Ausmaß seiner Erkrankung begriffen. Er hört zu essen auf, bleibt in seinem Bett, begrüßt Besucher zwar höflich, lehnt jedoch Gespräche ab und gibt sich der Krankheit und deren Bedeutung gegenüber vollkommen gleichgültig. In den Gesprächen konzentriert Rodolphe sich hauptsächlich auf seine früheren illegalen Aktivitäten. Seine Augen sind dabei geschlossen, sein Gesicht ist ausdruckslos und unbewegt. Er zeigt keine Traurigkeit, weint keine einzige Träne, während er sich selbstgefällig Vorhaltungen wegen seiner damaligen politischen Einstellung macht. Auf der Suche nach seiner kulturellen Identität läßt sich der Patient Bücher bringen; er schließt sich in seine Vergangenheit ein und zieht sich vollkommen auf seine »Schuld« zurück. Seine Familie ist verzweifelt, sie weiß offenbar um die Gefahr, die eine Reaktivierung von Rodolphes Vergangenheit mit sich bringt. Sehr bald sind Antidepressiva nötig, um dem Patienten, der nur noch mit dünner Stimme spricht, ein wenig Kraft zurückzugeben.

Alles ist vergebens: Trotz fürsorglicher Bemühungen seiner Familie versinkt Rodolphe allmählich in einen Erschöpfungszustand; hinzu kommt, daß die Strahlentherapie angesichts des rasch wachsenden Tumors so gut wie keine Wirkung hat. Rodolphes Frau meint, eine solche Reaktionsweise ihres Mannes habe sie nicht erwartet; er sei zwar immer verschlossen, nie aber traurig oder zornig gewesen, habe nie unter Krankheiten gelitten, sondern vielmehr seinen Körper trainiert, und er sei auf weibliche Eroberungen aus gewesen. Der Anfall von Melancholie wurde also offenbar erst durch den Behandlungsbeginn und die Auswirkungen der Krankheit ausgelöst. Spielte vielleicht die plötzliche Konfrontation mit seinem baldigen Tod eine Rolle, oder war es der Anblick anderer abgemagerter und kahlköpfiger Patienten, der mit einem Schlag alte Schuldgefühle wachgerufen hat? Obwohl man von ihm die unter strahlen- oder chemotherapierten Patienten verbreitete Redewendung: »Das sieht aus wie Buchenwald«, selten gehört hat, kann die Assoziation zwischen Wirklichkeit und eingebildeter Vergangenheit – schließlich war er am Ende nicht in die SS-Division eingetreten – zur Erklärung der plötzlichen Depression herangezogen werden. Denn der Patient hat das Gefühl, dieselbe Behandlung zu erfahren wie die Opfer des Nationalsozialismus, und er glaubt, jetzt seine Schuld begleichen zu müssen – und genau das ist es, was Rodolphe in unseren Gesprächen deutlich zum Ausdruck bringt. Wird er an seiner Depression oder an seinem Krebs sterben?

Die Frage ist wichtig, weil sie hinsichtlich des Zusammenspiels zwischen der Diagnose und der unumgänglichen Bereitstellung von Schutzmechanismen zu denken gibt. Um sich gegen seine frühere Schuld abzuschotten, hat Rodolphe schon lange eine Schutzbarriere errichtet. Seine Krankheit legt das Vergehen offen, sie signalisiert die Strafe. Der Patient setzt dem keinerlei Widerstand mehr entgegen, er läßt sich gehen, ungeachtet aller Bemühungen seiner Angehörigen. Offensichtlich haben die Kenntnisnahme der Diagnose sowie die »Sanktion«, die er mit der von ihm als Jugendlicher geteilten Vernichtungsphantasie assoziiert, seine melancholische Dekompensation hervorgerufen. Hier werden die Unterschiede zwischen Trauer und Melancholie wieder besonders deutlich: Die Melancholie entspricht der krankhaften Entwertung des Eigenbildes, die Aggressivität wird auf sich selbst gerichtet, das Ich wird leer und zieht sich in die schuldhafte Vergangenheit zurück. Was der Patient bei sich selbst dermaßen unnachgiebig angreift, daß er sich in den Tod hineinleiten läßt, ist das verinnerlichte Bild einer verhaßten Vorstellung. Rodolphes Ambivalenz besteht darin, daß er als

Franzose das nationalsozialistische Ideal gleichzeitig bewundert und abgelehnt hat, während seine Familie die Schrecken des Krieges uneingeschränkt verurteilte. Vermutlich begann mit der Pensionierung die Zerstörung des Selbstbilds als eines starken, in sein Milieu integrierten Mannes. Der Krebs besiegelte den Verfall. Als er sich mit letzter Überlebensanstrengung an die glorifizierte Vergangenheit klammert, erinnert ihn die strafende Krankheit jedoch auch an eine schuldhafte Verstrickung. Er bricht zusammen, als er sich mit seinem neuen Zustand als Kranker arrangieren soll, und die urplötzlich entstehende Notwendigkeit, um etwas zu trauern, für das er bereits mit dem hohen Preis der Isolierung von seiner Umgebung bezahlt hat, überfordert ihn – er versinkt in Melancholie.

Wie können wir mit der Mitteilung einer Diagnose fertigwerden? Dies birgt sicherlich Risiken, doch ein Verschweigen wäre ebenso verhängnisvoll. Ist der Arzt fähig, die Persönlichkeit jedes Patienten einzuschätzen, und entsprechen die Vorstellungen von Krankheit und Gesundheit immer den Möglichkeiten der Medizin? Die chronischen und tödlich verlaufenden Krankheiten bedingen vielfältigen Verzicht für die letzte verbleibende Lebensphase. Müssen die Pfleger in diesen Bewußtseinsprozeß, den die Patienten zu leisten haben, einbezogen werden, oder sollte im Gegenteil die medizinische Handhabung des Lebens verringert und diese Arbeit dem Umfeld der Kranken bzw. gar Patientengruppen überlassen werden?

In den westlichen Ländern scheint sich der Trend zu solchen im übrigen wirksamen Gruppen auszubreiten. Die Selbstorganisation von Krebskranken, Diabetikern, Asthmatikern dient nicht nur dazu, praktische Ratschläge oder Erfahrungen für die Benutzung der hochmodernen Apparate auszutauschen. Die Identifikation der Patienten untereinander hat vor allem die Funktion, ihnen das Akzeptieren ihrer Krankheit zu erleichtern. Diese Öffnung nach außen kann nicht allein zu einer besseren Akzeptanz, sondern auch zu einer besseren Sterbebegleitung führen.

Leiden und Schmerz der Trauerarbeit

Häufig treten Trauernde an ihren Arzt mit der Bitte heran, ihnen irgend etwas zu verschreiben, das schmerzliche Erinnerungen und durch den Todesfall erzeugte Angstgefühle lindert. Sie verlangen Antidepressiva und wollen krankgeschrieben werden, und Ärzte, die mangels Zeit, Ausbildung und bisweilen mangels Interesse nichts Besseres anzubieten wissen, gehen anstandslos darauf ein.

Ohne psychische Aufarbeitung gerät die Trauerarbeit leicht in Gefahr, von Arzneimitteln aufgeschoben oder verdrängt zu werden. Schlimmer noch: Die Symptome der Trauer, die sich zunächst noch in akzeptablen Grenzen halten, treten bei jeder neuen Schwierigkeit und verstärkt bei jeder neuen Trauer wieder auf und können Jahre später gar zum diagnostischen Rätsel werden, wenn die Ursachen weit zurückliegen und der Patient dem Arzt eine Version seiner Vergangenheit präsentiert, in der die Trauer möglicherweise ausgeblendet ist. Eine allzu rasche Bewältigung der Trauer muß nachdenklich stimmen, denn wird die eigentlich unverkürzbare Trauer künstlich verkürzt, setzt man den Betroffenen einer chronischen Depression bzw. Störungen aus, die ihn weitaus stärker behindern, als die akute Trauerphase selbst es getan hätte.

Trotzdem sind alle bestrebt, diese notwendige Phase zu verkürzen – im Durchschnitt bewilligen die Arbeitgeber nach dem Tod des Ehepartners oder eines Kindes zwei/drei Tage Urlaub. Der Trauernde wird von Schuldgefühlen dazu getrieben, schnell seine Arbeit wiederaufzunehmen, seine Depression sucht er dabei zu verbergen, um Familie oder Freunde nicht zu beunruhigen. Solche Praxis kann dazu führen – wie aus den Vereinigten Staaten bekannt, wo sich die »Trauertherapeuten« größten Zulaufs erfreuen –, daß sich Patienten darüber wundern, daß sie drei Tage nach dem Tod ihres Partners, mit dem sie die vergangenen dreißig Jahre zusammen waren, immer noch weinen![4] Der Arzt entscheidet sich meistens für die Verschreibung von Tranquilizern, die die äußeren Zeichen des Leidens verdecken. Trauer in ärztlicher Obhut kann sich auch in Krankschreibungen ausdrücken, und die Krankenkassen sind die einzigen Zeugen, welche Auswirkungen der Verlust für den Betroffenen hatte. Der Arbeitgeber schließlich will aus Sorge um die Produktivität seines Unternehmens so bald wie möglich einen unverändert leistungsfähigen Arbeitnehmer zurückhaben, und so kommt es, daß Trauer heutzutage gern unter dem ausschließlichen Aspekt der Schwächung der Arbeitskraft betrachtet wird.[5] Allerdings muß eingeräumt werden, daß die Religion, die früher diese Bereiche besetzt hielt, hier ein Vakuum hinterlassen hat.

Der Jesuit Patrick Verspieren hat zutreffend formuliert, daß die Kirche auch mit dem berühmten Satz: »Unter Schmerzen sollst du Kinder gebären«, dem Menschen seine Machtlosigkeit inmitten einer unvollkommenen und unbeherrschbaren Welt vorführen wollte. Den Schmerz heiligsprechen heißt, die zum Leben gehörenden Übel akzeptieren, also weniger leiden. Der Philosoph erinnert sich an eine Nonne, die nach einer schwierigen Operation Betäubungsmittel ablehnte, um besser am Leiden Jesu Christi Anteil zu nehmen. Hier wird Schmerz wörtlich als Erfahrung erlebt, und im übrigen kann Schmerz gelegentlich durchaus auch Gewinn bedeuten. Unbestreitbar ist unsere heutige Welt zwischen den neuen materialistischen und den alten jüdisch-christlichen Werten hin und her gerissen, was auch Patienten und Pfleger in Konflikte stürzt, wenn es um das Für und Wider einer Leidenslinderung geht. Denn nach wie vor werden physische Schmerzen oft unterbewertet, und die verfügbaren Schmerzmittel nicht immer adäquat eingesetzt – ein Äquivalent zur Nichtzulassung psychischen Leidens, das mit Beruhigungsmitteln zugeschüttet werden soll.

Verkürzte Trauer und verdrängter Schmerz sind in der Tat die Merkmale einer Gesellschaft, die den Tod ausschließlich als Leerlauf betrachtet, die nicht erkennt, daß die Trauerzeit psychische Leidenszeit ist, ohne die der Weg geradewegs in Depressionen und andere unerklärliche Schmerzsymptome abgleitet.

Zur Definition

Die Etymologie des Begriffs Trauer weist auf alt- und mittelhochdeutsche sowie gotische und altenglische Begriffe zurück, deren Bedeutungsgehalt sich etwa mit »niederfallen, matt und kraftlos werden«, umschreiben läßt. Im Sinne von »den Kopf sinken lassen« und »die Augen niederschlagen« bezeichnet es eine typische Trauergebärde und gilt als Ausdruck seelischen Schmerzes über einen Verlust oder ein Unglück.

Schmerz kann quälende Gefühle von Unzufriedenheit oder Frustration hervorrufen, die wiederum zu körperlichem Unbehagen führen. Der Schmerz wird heute nicht mehr länger als periphere Reizung begriffen, sondern als komplexes neuropsychologisches Phänomen, bei dem die Sinne, die Gefühle, das Erkenntnisvermögen und die Verhaltensweisen mitwirken.[6] Die Lokalisierung und Angaben zu Intensität, Häufigkeit und Art des Schmerzes gehen auf das sensorische Unterscheidungsvermögen zurück. Der unangenehme Beiklang des Begriffs Schmerz resultiert aus seinem affektiven und emotionalen Aspekt, der die Stimmung beeinträchtigt und den Grad der Angst bestimmt. Der kognitive Bereich gliedert den Schmerz in die Gesamterfahrung des Betroffenen ein. Der kognitive Teil ist das, was der Patient über seine Krankheit weiß – zum einen ein rationales, über die Ärzte bezogenes Wissen, andererseits eines Wissens, das aus der Phantasie oder aus persönlichen Erfahrungen entstanden ist. Welche Auswirkungen der Schmerz auf die Verhaltensweisen hat, kann daraus gefolgert werden, was der Leidende tut, um den Schmerz zu begrenzen.

Während der Schmerz eher punktuell und lokalisierbar ist, dauert das Leiden an, wenn es sich um »Prellungen der Seele« handelt und es eine ähnliche Intensität wie ein Schmerzausbruch erreicht. Es nimmt den Betroffenen vollständig gefangen. Dieses Leiden und die daraus entstehenden psychischen Prozesse bestimmen die Trauerarbeit, die eine Loslösung und eine Hinnahme des Verlustes zum Ziel hat – in diesem Sinne kann man sie mit dem »Durcharbeiten« bei der therapeutischen Analyse vergleichen. So wie im Verlauf der Analyse verdrängte Erinnerungen ins Gedächtnis zurückgerufen werden, überwindet der Trauernde allmählich die stereotype Beschäftigung mit dem Verstorbenen, bis er seine Beziehung zu diesem schließlich als Teil der Vergangenheit betrachtet und für neue Beziehungen offen wird. Freud zufolge vollzieht sich dieser Prozeß in mehreren Schritten: Auf die Ablehnung folgt zunächst die rein intellektuelle Annahme, bis diese durch eine auf gelebte Erfahrung gründende Überzeugung abgelöst wird.

In seinem jüngsten Essay hat William Styron die verzweifelte Bemühung beschrieben, dem depressiven Leiden zu entkommen. Erst nach einem Klinikaufenthalt war er imstande, endlich den Zusammenhang zwischen seiner chronischen Depression und der nicht geleisteten Trauer um seine Mutter zu erkennen, die starb, als er dreizehn Jahre alt war.

Styron beschreibt pathetisch und mit brutaler Realität seine Depression sowie die damit verbundene Versuchung, seinem Leben ein Ende zu bereiten – ein Zustand, in dem eine stationäre Behandlung und die Verabreichung von Antidepressiva mehr als angezeigt sind.

Daniel Widlöcher (1988) vertritt die Auffassung, daß sich das Trauerleiden allein auf Erinnerungen, Gegenstände und Bereiche bezieht, die mit dem Verstorbenen zusammenhängen. Nach einem Verlust tritt zumeist eine reaktive Depression auf, die von ständig nachlassender Energie begleitet ist und schließlich in eine umfassende, verzweifelte Trägheit mündet. Diese Lethargie kann meist nur durch Antidepressiva durchbrochen werden, und erst dann kann die Trauerarbeit beginnen. Den übereinstimmenden Angaben verschiedener Wissenschaftler zufolge weisen vierzig bis sechzig Prozent aller Patienten, die eine auf Schmerz spezialisierte Einrichtung aufsuchen, ein depressives Syndrom auf, während zwischen dreißig und hundert Prozent der Patienten mit depressivem Syndrom an starken Schmerzen leiden. Dieser Zusammenhang ist darauf zurückzuführen, daß körperlicher Schmerz zu einer allgemeinen Anspannung führt, die den Betroffenen hindert, gut zu schlafen, zu essen, sich ausgeruht zu fühlen. Dies wiederum beeinträchtigt seine Stimmung; unruhig bemüht er sich um Erleichterung, was sich in einer gewissen Reizbarkeit und in der zunehmenden Neigung ausdrückt, bestimmte Bewegungen zu meiden, damit der Schmerz nicht größer werde.

Häufig kulminieren im Schmerz sämtliche Schwierigkeiten, oder aber andere Probleme werden hierhin verlagert; für manche ist es die einzige Möglichkeit, über existentielle Sorgen zu reden. Nimmt der Schmerz die Form eines somatischen Symptoms an, wird er zum depressiven Äquivalent, das eine ärztliche Behandlung erfordert, denn es kann sich hierbei um eine maskierte Depression handeln. Im folgenden sollen einige dieser Erscheinungsformen von Schmerz charakterisiert werden.

Der Identifikationsschmerz

Die Identifikation mit dem Verstorbenen gilt als gängige Erscheinung der Trauerarbeit. E. Lindemann hat beobachtet, daß der Trauernde vorübergehend die Charakterzüge und vor allem die letzten Symptome vor dem Todesfall übernimmt. Karl Abraham hat seine Verwirrung beschrieben, als er nach dem Tod seines alten Vaters feststellte, daß er selbst vorübergehend graue Haare bekam, die denen des Greises ähnelten. Solche Identifikationsreaktionen können gelegentlich spektakulär sein – wenn die Endphase der Krankheit des Verstorbenen, in abgeschwächter Intensität allerdings, perfekt imitiert wird – und an jedem Todestag neu reproduziert werden. So ist das anhaltende und unerklärliche Husten einer Frau offensichtlich auf den Tod ihres Mannes zurückzuführen, der an einem Krebs der oberen Atemwege starb, und auch die plötzlich auftretende Atemnot ohne organischen Ursprung bei der Frau eines an Lungenkrebs gestorbenen Patienten läßt ein depressives Äquivalent vermuten. Weil die Schmerzen sozusagen Statthalter einer ernsten Depression sind, die immer dann durchbricht, sobald die Schmerzen verschwinden, werden diese chronischen Beschwerden bemerkenswert gut ertragen. Die Gleichgültigkeit, die diese Patienten ihren Symptomen gegenüber an den Tag legen, auch wenn sie den Arzt aufsuchen, könnte auf eine Konversionshysterie hinweisen – allerdings in reduzierter Form, weil der Persönlichkeit der Trauernden, abgesehen vom körperlichen Symptom, die für Hysteriker typische Fähigkeit zur Symbolisierung fehlt. Vermutlich handelt es sich bei diesen Fällen also eher um tatsächliche schmerzhafte Somatisierungen, die den verbalen Ausdruck von Trauer ersetzen. Das ist vor allem dann der Fall, wenn die Somatisierungen nach dem Absetzen von Antidepressiva, die die emotionalen Konsequenzen der Trauer eindämmen sollten, auftreten.

Schmerzhaftes Sühnen

Dieser Variante begegnet man häufig bei obsessiven und masochistischen Persönlichkeiten, deren Geschichte und vor allem Kindheit nicht frei von Schmerzerfahrungen ist. Schon in früher Jugend haben diese Patienten ihre Schmerzen regelrecht als Kommunikationsmittel eingesetzt und damit die elterliche Aufmerksamkeit auf sich gelenkt. Meist tritt der Schmerz nicht im Rahmen eines aktuellen Verlustes, sondern im Kontext einer tatsächlichen Erkrankung auf. Anläßlich dieser Krankheit, die als Bestrafung für vorausgegangene Schuld gedeutet wird, kommt es zu einer Reaktivierung der weit zurückliegenden Trauer. Dieses Bedürfnis, mit einem Leiden »zu zahlen«, stellt vor allem im Zusammenhang mit Trauer ein weiteres depressives Äquivalent dar.

Bei hartnäckigen Schmerzen, denen nicht beizukommen ist, sollte man jedenfalls an eine unbewältigte Trauer denken, auch wenn der Patient dazu keinerlei Angaben macht, sondern nur lauthals über seine Beschwerden klagt und damit von Arzt zu Arzt rennt. Hier deckt sich der Schmerz mit einem depressiven Schuldgefühl und kann noch verstärkt werden durch eine religiöse Askese. Es gibt sogar Patienten, die entschieden jede Schmerzlinderung ablehnen, besonders wenn es sich um Opiate handelt.

Die Akzeptanz von Schmerz und Trauer

Anders als bei den verdeckten Depressionen, bei denen der alles überschattende Schmerz in keinem Verhältnis zur Wirklichkeit einer organischen Störung steht[7], ist der Ausgangspunkt der somatisch geäußerten Depression eine meist schwere Erkrankung. Patienten, die bereits mit einer tödlichen Gefahr konfrontiert waren und die Trauer um ihre Unverwundbarkeit schon geleistet haben, sind nach ihrer Genesung bisweilen unfähig, sich ihre Gesundung vorzustellen. Dazu gehören häufig Menschen, die einen Herzinfarkt erlitten oder die kurze Zeit im Koma gelegen haben. Auch Patienten, die sich einer Organtransplantation unterzogen haben, zeigen, wenn alles gut verlaufen ist, oft ein depressives Syndrom, das sich durch somatische Störungen wie hartnäckige Schmerzen, Schlafanomalien, Appetitlosigkeit und Beeinträchtigungen im Sexualbereich äußert. Es ist, als sei der durch den Verrat des Körpers angeschlagene Narzißmus außerstande, das innere Gefühl der Sicherheit, das für jede Zuwendung nach außen nötig ist, wiederherzustellen.

Kinder haben in solchen Situationen häufig massive Schuldgefühle und steigern sich bisweilen in ein unentwegtes Jammern hinein – ein Verhalten, das die Eltern in ihrer übergroßen Angst vor einem Rückfall meist verstärken. Der chronische Schmerz wird hier zum Mittel, um die regredierende Abhängigkeit von einer ärztlichen Institution zu verlängern und kann zuweilen in wahnwitzige Forderungen münden und den Betroffenen dauerhaft arbeitsunfähig machen kann.

Besonders bei Patienten, bei denen eine Amputation vorgenommen wurde, kommen solche physischen Beschwerden häufig vor und werfen größere Probleme auf als die eigentliche Rehabilitation selbst. Die Schmerzen am fehlenden Körperglied, die Phantomschmerzen, hängen auch mit der notwendigen Trauer um die verlorene Harmonie, um die frühere Normalität und um die eingebüßte Funktion zusammen. Daher ist es wichtig, daß der Patient diese Schmerzen äußert und verbalisiert, was die Amputation für ihn bedeutet. Das morbide Gefühl der Kastration ist oftmals Ursache für den erlebten Schmerz, wobei die Konfrontation mit der voyeuristischen Neugier der Mitmenschen eine gewisse Selbstgefälligkeit hervorbringen kann, die für eine tiefe Ambivalenz sorgt.

Als Thanatomanie hat Marcel Mauss die körperlichen Folgen für den Betroffenen bezeichnet, die sich aus der Vorstellung über den Tod ergeben. Die Zunahme radikaler Therapien oder Transplantationen, die bei ansonsten tödlich verlaufenden Krankheiten nach dem Motto »Alles oder nichts« eingesetzt werden, erhöht die Wahrscheinlichkeit solcher Reaktionen. Aus diesem Grund wäre es nur sinnvoll, wenn die Psychotherapie in den Behandlungsverlauf einbezogen würde, denn dies würde eine Verbalisierung der endogenen oder exogenen Phantasien fördern, die der Patient angesichts der traumatisierenden Kenntnisnahme der tödlichen Diagnose verinnerlicht hat.

Trauer, Depression, Schmerz: eine subtile Interaktion

Die individuellen Unterschiede der genannten klinischen Fälle bringen häufig Bewertungsschwierigkeiten mit sich. Für den kognitiven Anteil des Schmerzes ist hauptsächlich die Information verantwortlich. Ob es sich um einen Verlust oder um eine ernste Krankheit handelt – die Nachricht löst nicht allein einen Schock aus, sondern führt auch zu Depressionsäquivalenten beziehungsweise zur sekundären Rechtfertigung von Schmerz und Invalidität.

Die Therapie muß also an dem Punkt ansetzen, wo es um die Wiederherstellung des Selbstvertrauens geht; da chronische Angst den Schmerz nur steigert, muß das im Schmerz zum Ausdruck kommende depressive Moment gemildert werden. Während bei chronischen Schmerzen die Effizienz von Antidepressiva nur selten in Frage steht, sind diese Mittel da, wo Trauer im Spiel ist, jedoch von zweifelhaftem Nutzen. Therapien, die mittels Selbsterkenntnis Abhilfe schaffen könnten, sind meist nicht sonderlich gefragt, weil die überwiegende Zahl der Patienten es ablehnt, körperliche Störungen in Beziehung zu ihrer Psyche zu setzen. Ihre Fixierung aufs Jammern läßt kaum Rückschlüsse auf den Entstehungskontext der Beschwerden zu, und der Therapeut muß sich mit Geduld wappnen, ehe der Patient das psychotherapeutische Prinzip internalisiert hat und eine Verbindung zwischen Schmerz und Vergangenheit herstellen kann. Dann ermöglicht eine symbolische Sinngebung eine Neudeutung des Schmerzes und setzt den Prozeß der Trauerarbeit in Gang.

Erweist es sich als vollkommen unmöglich, Patienten die Trauer bewußt zu machen, weil sie für die psychoanalytischen Methoden absolut unzugänglich sind, empfehlen sich Techniken wie Entspannungsübungen beispielsweise, die die Begleiterscheinungen des Schmerzes beeinflussen und zur besseren psychosomatischen Integration führen können. Solche Methoden eignen sich häufig besonders für Patienten, bei denen die Struktur der Schutzmechanismen nicht in Frage gestellt werden kann und die Klagen über körperliche Schmerzen das einzige sozialisierte Mittel zur Gefühlsäußerung darstellen.

Da aufgrund der Vielfalt ihrer Erscheinungsformen die Trauersymptomatik auch in den Bereich der Somatik fällt, liegen ärztliche Untersuchungen oder gar Krankenhausaufenthalte aus rein somatischen Erfordernissen durchaus im Bereich des Möglichen. Doch sollte dafür Sorge getragen werden, durch Analyse der Patientengeschichte und Berücksichtigung eines erlittenen Verlustes inadäquate Behandlungen zu vermeiden. Obwohl bestimmte Schmerzen die Äußerung von depressiven Traueraffekten ersetzen, erspart ihre künstliche Linderung nicht die nötige Bewußtseinsarbeit. Bestätigt der Arzt vielleicht sogar den organischen Ursprung des Schmerzes, so kann sich die pathologische Trauer des Patienten verstärken – ein Grund mehr, die schnelle Verabreichung von Medikamenten, deren Wirksamkeit manchmal überschätzt wird und gelegentlich trügerisch ist, zum Gegenstand genauerer Überlegungen zu machen.

Reduktion der Trauerrisiken

Seit den siebziger Jahren bemühen sich viele Wissenschaftler um den Nachweis, daß es Vorteile bringt, die pathologische Trauer von vornherein zu verhüten. Solche Bemühungen finden vor allem in den angelsächsischen Ländern statt, wo man zum einen den Tod weniger verdrängt als auf dem Kontinent und wo zum anderen ein interdisziplinäres Vorgehen leichter zu bewerkstelligen war.

Die Frauen, der Tod und die Tradition

Bei der Beschäftigung mit der seit 1975 zu diesem Thema veröffentlichten medizinischen Literatur fallen zunächst die vielen Autorinnen auf. Anders als in den übrigen Bereichen der Medizin, sind hier die Frauen stark vertreten und scheinen damit das ihnen seit altersher zugewiesene Betätigungsfeld an der Seite der Leidenden und Sterbenden zu besetzen. In den meisten Kulturen sind die Frauen durch den praktischen Bereich mit dem Tod verbunden, während die Männer sich eher mit dessen spirituellen Aspekten beschäftigen. In dieser konkreten Nähe, bisweilen verstärkt durch die Pflicht, den Toten beweinen zu müssen, mag man einen Grund erkennen, weshalb Frauen auch im Berufsleben der Beschäftigung mit dem Tod weniger ausweichen. In der Welt der Medizin lebt diese Tradition in sublimierter Weise fort. Weil Frauen ein Scheitern besser zu akzeptieren vermögen und sich weniger zurückziehen, obgleich die Sterbebegleitung ihnen keine Bestätigung ihres Könnens in Form einer spektakulären Heilung liefert, konnten sich Frauen gerade in diesem Forschungsbereich profilieren.

Zur Verhütung einer pathologischen Trauer ist es unabdingbar, den Verlust eines geliebten Menschen als wesentliches Erlebnis zu deuten. Die englischen Altersheime und Pflegeeinrichtungen beschlossen daher früh, sich auch der Hinterbliebenen anzunehmen. Gruppenweise wurden Gespräche und Zusammenkünfte angeboten; man führte Untersuchungen durch, um herauszufinden, wer psychologische Hilfe benötigte und wer sich selbst überlassen bleiben konnte. Mitarbeiter des Gesundheitswesens, Ärzte und Nichtmediziner, gründeten Trauerhilfsdienste als Bestandteil eines angestrebten ganzheitlichen Systems, das der partikulären Betrachtung des Menschen in medizinischen Einrichtungen entgegenwirken sollte. Wohlwissend, daß viele Menschen nach dem Schock des gerade erlittenen Verlustes gar nicht in der Lage sind, ausdrücklich um Hilfe zu bitten, wenden sich die Trauerhilfsdienste direkt an die Hinterbliebenen. Dabei lehnen zwischen sechs und siebenunddreißig Prozent ein Gesprächsangebot ab, wobei Zustimmung und Skepsis nach sozialem Status, Religionszugehörigkeit und Trauerart differieren. Der hohe Prozentsatz jener, die das Angebot wahrnehmen, beweist jedoch hinlänglich den Sinn solcher Einrichtungen.

Die meisten Untersuchungen grenzen die Faktoren der risikoreichen Trauer immer exakter ein. An erster Stelle steht hier natürlich die Einsamkeit: Langzeitanalysen berichten von äußerst signifikanten Unterschieden zwischen jenen, die Unterstützung erfahren, und jenen, die allein zurechtkommen müssen. Die einsamen Trauernden sprachen auf die therapeutische Hilfe am besten an – unabhängig davon, ob es sich dabei nun um Einzelgespräche mit dem Psychotherapeuten oder dem Psychologen, um einen Besuch im Krankenhaus, in dem der Angehörige starb, oder um die Begegnung mit dem Pflegepersonal handelte, das die Sterbebegleitung übernommen hatte.

Darüber hinaus werden Bereitschaftsdienste von Beratern sowie Zusammenschlüsse von Gruppen empfohlen, die hauptsächlich der Äußerung aller mit der Trauer verbundenen Gefühle dienen sollen. Ob wechselseitige Identifikation zwischen den verschiedenen Teilnehmern oder Mitgefühl des Pflegepersonals – zunächst wird dem Trauernden eine emotionale Stütze angeboten, werden seine Gefühlsausbrüche, sein Leiden und seine ersten Worte zum Toten im konkreten Sinn aufgenommen bzw. entgegengenommen. In einem zweiten Schritt werden die Empfindungen des Trauernden beschwichtigt; er erhält die Versicherung, daß es normal ist, sich desorientiert zu fühlen, den Eindruck zu haben, einen Alptraum zu erleben oder auch am eigenen Verstand zu zweifeln. Auf diese Weise werden die Folgen des Schocks, wie beispielsweise das aktive Suchen nach dem Gestorbenen, was zu Halluzinationen führen kann, entdramatisiert. Die Therapeuten beobachten, ob eine einsetzende Depression integriert wird, ob mit einer exzessiven Laisser-faire-Haltung oder mit einer Suizidneigung zu rechnen ist, und alle Symptome werden nach dem Vorbild der angelsächsischen Verhaltensforschung in einer Checkliste zusammengetragen.

Die Einweisung des Trauernden in eine Pflegeeinrichtung ist als letztes Mittel angezeigt, um eine unkontrollierte Medikamenteneinnahme zu begrenzen. Durch Kontakt nach draußen soll verhindert werden, daß es zu einer Vernachlässigung der körperlichen Verfassung kommt, was zur irreversiblen Zerstörung der Gesundheit führen kann. Durch eine sozialtherapeutische Begleitung, die sich über ein bis zwei Jahre erstreckt, ist es möglich, den Trauernden dahin zu führen, daß er seinen normalen Alltag wieder aufnimmt und übertriebene Schuldgefühle abbaut.

Risikoreiche Trauer und Trauerbegleitung

Eine beispielhafte Untersuchung zu diesem Thema verdanken wir der australischen Psychiaterin Beverley Raphael. Bei den für diese 1977 durchgeführte Untersuchung ausgewählten Trauernden handelte es sich ausschließlich um Witwen, die soeben erst, höchstens sieben Wochen zuvor, ihren Mann verloren hatten. Sie alle wiesen ein besonders hohes Risiko für eine pathologische Trauer auf und wurden nach folgenden Kriterien ausgewählt: fehlende soziale Unterstützung, traumatisierender Tod des Partners, ambivalente Ehebeziehung sowie zusätzliche Streßquellen.

Als erstes fanden vier jeweils zweistündige Gespräche im Haus der Betroffenen statt, weitere folgten in den nächsten drei Monaten, und anhand eines Fragebogens wurde dreizehn Monate lang der Gesundheitszustand der Witwen ausgewertet. Die unterstützende Trauerbegleitung bestand im wesentlichen darin, die Gefühlsäußerungen von Kummer, Traurigkeit, Zorn, Hoffnungslosigkeit und das Gefühl, daß einem niemand helfen kann, zu erleichtern. In Betracht gezogen wurden sowohl die positiven als auch die negativen Aspekte des Verlustes. Obwohl es sich nicht um physisch oder psychisch Kranke handelte, war bei den meisten Testpersonen eine bedeutungsvolle frühere und nicht bewältigte Trauer festzustellen. Die jetzige Trauerbegleitung schien nun die vergangene Trauer im besonderen Maße zu reaktivieren. Die dreiunddreißig Frauen mit hohem Risikofaktor wurden mit einer Kontrollgruppe von einunddreißig Teilnehmerinnen verglichen, die Unterstützung seitens der Psychotherapeutin erfahren. Dreizehn Monate später waren in hohem Maße signifikante Gesundheitsunterschiede zwischen beiden Gruppen festzustellen: Die Frauen, die aussagten, daß ihre Familie unfähig sei, ihnen zu helfen, waren auch diejenigen mit den ernstesten gesundheitlichen Komplikationen und bewiesen damit, daß fehlende Unterstützung einer der wichtigsten Auslösefaktoren der pathologischen Trauer ist.

Eine ähnliche Untersuchung, wenngleich unter stärkerer Berücksichtigung der ökonomischen und sozialen Bedingungen, hat I. Gerber veröffentlicht. Abgesehen von Trauer- und Schuldgefühlsäußerungen wird die gesamte Beziehung zum Verstorbenen noch einmal überprüft, um eine akzeptable Formulierung der künftigen Beziehungen zum Toten zu finden. Über die psychischen Aspekte hinaus werden auch die gesetzlichen, finanziellen und materiellen Probleme erörtert, die zum

künftigen Leben als Hinterbliebene dazugehören. Hundert-
sechzehn Personen waren in diese Studie einbezogen und wurden jeweils zwei, fünf, acht und fünfzehn Monate nach dem
Todesfall untersucht. Sie wiesen, im Vergleich zur nicht unterstützten Kontrollgruppe, viel weniger Störungen auf, die einen
Arztbesuch erforderlich machten. Die größten Unterschiede
wurden zwischen dem fünften und dem achten Monat nach dem
Verlust festgestellt.

Zahlreiche wissenschaftliche Institutionen haben versucht,
die oben erwähnten Experimente methodisch systematischer zu
wiederholen, um allgemeingültige Aussagen zu ermöglichen.
Hierfür wurden Trauernde beider Geschlechter ebenso berücksichtigt wie ein unterschiedliches Bildungsniveau, und es wurde
auf genaue Entsprechung der Kontrollgruppen geachtet. Parkes
(1980) stellt im ersten Jahr nach der Trauer keine signifikanten
Unterschiede fest, doch in den drei folgenden Jahren sprechen
die Ergebnisse für jene Gruppe, die in regelmäßigem Gespräch
mit einem Therapeuten stand – sie weist weniger pathologische
Symptome auf und einen deutlich geringeren Alkohol-, Dro-
gen- und Tabakkonsum.

Die Unterstützung der Trauernden erleichtert auch die Wie-
deraufnahme der sozialen Beziehungen. Mary Vachon hat 1980
beim Vergleich von zwei Gruppen erst nach sechs Monaten
psychische Unterschiede festgestellt, und vierunddreißig Monate vergingen, bis bei der unterstützten Gruppe ein besserer
Gesundheitszustand festzustellen war als bei der Kontrollgruppe.

Diese Untersuchungen beweisen, daß Trauernde, die Hilfe
erfahren, schneller ins soziale Leben zurückkehren, was dafür
spricht, daß die Depression bewältigt, der Rückzug in die
Einsamkeit aufgegeben und auch der eigenen Person wieder
größere Aufmerksamkeit geschenkt worden ist. Die Unterstützung der Trauernden trägt also nicht nur dazu bei, die Risiken
einer pathologischen Trauer zu mindern, sondern auch die
Trauerzeit auf etwa ein oder zwei Jahre zu begrenzen.

Die genannten Forschungsarbeiten haben dazu beigetragen, die ritualisierten Trauerpraktiken zu überdenken und Empfehlungen an die Gesellschaft auszuarbeiten. Die meisten Wissenschaftler gehen davon aus, daß die Trauernden sich schwertun mit Beileidsbekundungen, die oft einen normativen Charakter haben und eine Verlegenheitslösung für jene darstellen, die aus Angst vor unpassenden Äußerungen lieber auf Floskeln zurückgreifen. Der Trauernde gewinnt den Eindruck, daß der andere nur eine lästige Pflichtübung erledigt und daß er selber statt echten Mitgefühls lediglich einen inhaltsleeren Spruch zu hören bekommt.

Bemerkungen wie: »Ich ahne genau, was Sie fühlen«, verhindern eine Gefühlsreaktion des Angesprochenen, weil sie den Eindruck vermitteln, Trauer wirke sich immer gleich aus. Andere Bekundungen, die darauf abzielen, die Traurigkeit zu überspielen, sind noch weniger hilfreich: »Du wirst schon darüber wegkommen...«; »Du bist ja noch jung genug...« oder: »Das Leben geht schließlich weiter...« – solche Äußerungen können bisweilen großen Schmerz auslösen.

Eine bescheidenere Sprache, die die Schwierigkeiten der Mitteilung artikuliert, ist da wesentlich sinnvoller: »Ich weiß nicht, was ich dir sagen soll, du sollst aber sicher sein, daß ich dir zur Seite stehe...« Auch eine schlichte Sympathiebekundung, verbunden mit einer körperlichen Berührung wie einem festen Händedruck, kann das Gefühl teilnehmenden Verstehenwollens zum Ausdruck bringen und auf den Trauernden ermutigend wirken. Therapeutische Gespräche haben nämlich gezeigt, daß Menschen, die einen Verlust erlitten haben, äußerst empfänglich sind für Worte, mit denen andere ihre Solidarität zum Ausdruck bringen, denn obwohl sie Beileidsbekundungen nicht mögen, würden sie sich ohne jeden Zuspruch verlassen fühlen.

Ähnlich wie andere ritualisierte Lebensabschnitte hat auch das Begräbnis eine unübersehbare Funktion innerhalb der verschiedenen Kulturen. Es geht darum, in Anwesenheit von Zeugen eine Handlung zu vollziehen. Wie bei der Hochzeitszeremonie Eltern und Freunde als lebender Beweis für den Bund des Paares fungieren, wird mit der Begleitung des Verstorbenen zu seiner letzten Ruhestätte der Tod gemeinschaftlich anerkannt. Der Trauernde wiederum signalisiert der Gesellschaft seine Einsamkeit und bereitet sie darauf vor, unter Umständen helfend eingreifen zu müssen.

In zahlreichen Kulturen ist es üblich, daß die Witwe den Bruder ihres verstorbenen Ehemannes und der Witwer die unverheiratete Schwägerin heiratet. Die um den Sarg versammelte Gemeinschaft ratifiziert gewissermaßen bereits dort den künftigen Austausch von Frau, Land und Geld. Allerdings hat der Individualismus zumindest in der westlichen Welt dafür gesorgt, daß solche Bräuche weitgehend aus der Mode gekommen sind. Anders verhält es sich mit kirchlichen Beerdigungszeremonien – sie sind nach wie vor gefragt, denn die Ungewißheit über das, was nach dem Tod kommt, veranlaßt die Sterbenden und ihre Familien offensichtlich, sich doch noch um die Vermittlung göttlicher Gnade zu bemühen.

Auch die bereits erwähnten Trauerhilfsdienste spielen in diesem Zusammenhang eine Rolle. In Großbritannien, wo jede soziale und ethnische Bevölkerungsgruppe über eine eigene Institution verfügt, bieten Katholiken, Juden, Protestanten und Orthodoxe jeweils diskrete und genaue Broschüren über ihre Unterstützungsmöglichkeiten an. Es gibt sogar einen speziellen Service für Homosexuelle, der sich insbesondere um die Gefährten von Aids-Kranken kümmert. Diese Gruppen scheinen das übliche Procedere nach einem Todesfall verändert zu haben, wenn sich Angehörige, die ihren Sterbenden bis zuletzt begleitet haben, aus eigenem Antrieb an einen Therapeuten wenden, um über ihren Toten zu reden. Spiegelt dieses Verhalten vielleicht eine derart große Angst vor dem Tod wider, daß Todesfälle nur mit Hilfe von Professionellen bewältigt werden können? Oder suchen wir nach neuen Ritualen inmitten einer zerstückelten Kultur, die den Verlust vieler regionaler Sitten und Gebräuche zu beklagen hat, die sinnstiftend für eine Gruppenidentität waren? Oder handelt es sich um eine Gegenreaktion auf die zunehmende kommunikationshemmende Vereinzelung, die Familien nur noch anläßlich wichtiger Ereignisse zusammenkommen läßt?

Die Anthropologen haben darauf eine Antwort: Wir müssen das Ende bestimmter Kulturen hinnehmen, wenn wir nicht stagnieren wollen. Die Trauerrituale werden ihren früheren Pomp nicht zurückgewinnen; die Fortschritte der Medizin haben erhebliche Veränderungen mit sich gebracht, und die Möglichkeit, Leben zu verlängern, schafft manche Zwangslage und Zweifel. Zwar wachsen die Bestrebungen, daß die Familien ihre Sterbenden wieder mehr zu Hause pflegen, doch dem derzeitigen Optimismus zum Trotz wird die Zahl der Menschen, die im Krankenhaus sterben, nicht zurückgehen.

Die trauernden Angehörigen

Wie alle Rituale ermöglicht auch das Begräbnis dem einzelnen, seine Zugehörigkeit zu einem Familienverband, einer Gesellschaft, einer Kultur zu demonstrieren. Sterben ist also auch ein gesellschaftlicher Akt. Die durch den Verlust eines ihrer Mitglieder destabilisierte Familie beweist ihre »Loyalität« gegenüber der Gemeinschaft, indem sie sich verbindlichen Gepflogenheiten beugt, und findet dadurch zu ihrer Autonomie zurück. Die Unterwerfung unter die althergebrachten Traditionen gewährleistet Unabhängigkeit und verhindert ein Abgleiten in die gesellschaftliche Randzone.[8]

Heutzutage wird die Trauerzeremonie oft schnell und unauffällig vollzogen, obwohl sie im christlichen Bereich zu den am häufigsten praktizierten Übergangsriten gehört. Die Trauerfeierlichkeit berührt die Frage nach der Wahrung kollektiver Manifestationen wie auch individueller Initiationen. Das, was Parkes (1971) »psychosoziale Transitionen« nennt – das heißt, sämtliche Veränderungen, die den unterschiedlichen Entwicklungsphasen des Menschen entsprechen –, verliert heutzutage allmählich seinen Zeugnischarakter vor der Gemeinschaft. Daraus resultiert ein Rückzug ins Private, verbunden mit der Gefahr, die sich aus den fehlenden Übergängen ergibt. Die psychosoziale Erfahrung der Trauer bedeutet für den Trauernden eine grundlegend veränderte Weltanschauung. Die Witwe, deren Mann kürzlich gestorben ist, deckt beispielsweise weiterhin automatisch den Tisch für zwei. Sie hat den Übergang von einem Lebensabschnitt zum nächsten, ihren neuen sozialen Status, noch nicht in ihr Leben integriert. Ähnlich versucht der Amputierte weiterhin, seinen verlorenen Arm zu benutzen, und wenn er dort Schmerzen spürt, ist das sowohl eine neurologische Erscheinung als auch ein Zeichen seiner Schwierigkeit, um die einstige Funktion zu trauern.

Der durch die Industrialisierung ausgelöste gesellschaftliche Wandel hat nicht allein die Trauer, sondern zugleich sämtliche Übergangsriten verändert. Die Entwicklungsstufen des Menschen – Kind, Heranwachsender, junger bzw. reifer Erwachsener, Rentner, Greis – sind heute klar festgelegte Zustände. Die Übergangsriten schreiben kulturell definierte Praktiken vor, die in der Regel stark kodifiziert sind und in ihrer symbolischen Bedeutung den Beginn eines neuen Lebensabschnitts anzeigen wie das Taufwasser, der Ehering, die Totenwache.

In der Zeit des Heranwachsens entsteht die Notwendigkeit, Regeln für den veränderten Status zu finden, denn am Ende dieses Übergangs stehen eine gewisse Autonomie und vor allem die eigene Identität.

Was sind das für Riten, denen die Heranwachsenden heute zustimmen können? Wie werden die Krisen der Jugendlichen gelöst? Ein schulisches Ritual wie das Abitur oder ein militärisches Ritual wie die Musterung genügen nicht. Die Heranwachsenden versuchen, sich den Einstellungen der Erwachsenen zu Sexualität und Tod zu nähern, während sie sich gleichzeitig typische Verhaltensweisen der Kindheit, wie die Impulsivität oder das Prinzip »Alles oder nichts«, bewahren.

Wenn keine akzeptierte Prüfung den Übergang von der Kindheit zum Erwachsenenalter markiert, wird zunehmend auf künstliche Mittel zur Kennzeichnung der fehlenden Übergänge zurückgegriffen – und wenn es sich um Drogen handelt. Das Fehlen eines anerkannten Symbols, die Angst, durch Arbeitslosigkeit oder Nichtstun ausgeschlossen zu werden – das sind die Hauptfaktoren für das verzweifelte Suchen nach einer Identität. Die Graffiti-Kunst ist hierfür das augenfälligste Beispiel, weil sie die Schwierigkeit bezeugt, Krisenperioden ausgleichen zu können. Der Griff zu solchen Ersatzmitteln ist indes immer zweischneidig. Gilt die Droge anfangs als Zugehörigkeitszeichen zu einer bestimmten Gruppe, garantiert sie die Aufnahme in den Kreis der Eingeweihten, so wird sie schnell in der Einsamkeit eingenommen. Genau damit aber verliert sie ihren Initiationswert und macht unfrei. Der Rausch der Allmächtigkeit ist schnell dahin, es bleibt nur die unerbittliche Abhängigkeit, um den Entzugserscheinungen zu entkommen. Wir haben es hier also mit einer falschen Transition zu tun, mit einer trügerischen Veränderung.

An Bulimie leidende junge Mädchen beschreiben ähnliche Phänomene. Aus Angst vor einer teilweise zu komplexen Weiblichkeitsvorstellung versuchen sie, die Zeit mit Episoden massiver Nahrungsaufnahme zu strukturieren. Nachdem sie ihr Geld im Supermarkt gelassen oder zu Hause alle Schränke leer gegessen haben, werden sie entweder von Schuldgefühlen erdrückt oder schlafen erschöpft ein. Die Motivation solcher Exzesse ist, die körperlichen Grenzen zu erfahren. Das Nahrungsritual hat eine beruhigende Wirkung: Der volle Magen stopft – allerdings nur vordergründig – die emotionalen Lücken zu.

Solche Probleme Heranwachsender veranschaulichen die Orientierungslosigkeit des sich selbst überlassenen Menschen in einer Welt, die sich für ihn zu schnell dreht. Ähnlich schwierig gestaltet sich die notwendige Übergangsphase nach dem Verlust des geliebten Menschen. Auch hier sind die veränderten Praktiken auf gesellschaftliche Umstrukturierungen zurückzuführen – auf eine Vorherrschaft des Individualismus, auf Verstädterung, auf eingeschränkte familiäre Beziehungen. Zwischen dem Ende des alten und der Übernahme eines neuen Status existiert praktisch keine Übergangsphase mehr, da alle diesbezügliche Symbolik heute als überholt angesehen wird.

Wie aber erleben die Familien diese Veränderungen? Angesichts der vielen Patienten, die im Krankenhaus sterben, kommt hier den Pflegeeinrichtungen eine besondere Rolle zu. Dem Sterbenden zur Seite stehen, ist der erste Schritt; danach muß den Trauernden der Übergang zu einem neuen Lebensabschnitt ermöglicht werden.

Dem Trauerverlauf haftet stets etwas Doppeldeutiges an: Mit dem Anblick des Leichnams wird die Realität des Todes hingenommen und damit eine Verdrängung verhindert, die an die Unsterblichkeit des geliebten Menschen, und damit an die eigene, glauben ließ. Paradoxerweise läßt der durch Zeremonien öffentlich gemachte Schmerz die Hoffnung auf eine Regeneration der Gruppe aufkommen und mildert damit das Gefühl der Irreversibilität.

Das Begräbnisritual soll die Territorien der Lebenden und der Toten klar voneinander abgrenzen – auf der einen Seite die Gemeinschaft der Lebenden, auf der anderen der einsame Leichnam, der zu Grabe getragen wird und der fortan lediglich durch einen Stein, eine Tafel, eine Urne symbolisiert wird. Vorher allerdings haben der Tote und die Lebenden gemeinsam den Weg zum Friedhof zurückgelegt, wobei auch diese Prozessionen zur letzten Ruhestätte an Bedeutung eingebüßt haben. Die Friedhöfe selbst sind ebenfalls Veränderungen unterworfen: Kolumbarien für die Urnenaufbewahrung werden gebaut und Flächen für eine anonyme Bestattung bereitgestellt. Es gibt die Möglichkeit einer Beisetzung auf hoher See, und aus Amerika ist bekannt, daß es Leute gibt, die ihre Asche per Satellit in die Erdumlaufbahn schießen lassen wollen ...

Angesichts der Tatsache, daß die meisten Menschen im Krankenhaus sterben, muß man sich die Frage stellen, ob es reicht, einer gegenläufigen Entwicklung das Wort zu reden. Oder sollte man nicht vielmehr diese Entwicklung akzeptieren und versuchen, auch in diesen Institutionen einen würdigen Rahmen zu ermöglichen, eine Gestaltung der Räumlichkeiten anzustreben, die den speziellen Bedürfnissen entsprechen?

Obwohl sich die Verantwortlichen um Verbesserung bemüht haben, ist vor allem die in den Leichenkammern herrschende Atmosphäre für die Familien wenig tröstlich. Kälte und Unpersönlichkeit wecken das Gefühl, als sei man durch einen Nebeneingang ins Krankenhaus gekommen, als seien die Familien selbst schuld, daß sie nur einen Toten und keinen Geheilten abholen können – der letzte Anblick ihres Angehörigen wird zum Schock.

Allerdings ist der Tod zu Hause kein Allheilmittel. Ärzte kolportieren folgende Anekdote: Eine vom plötzlichen Tod ihres Mannes überraschte Frau sperrt sich in einem Zimmer ein; dort findet sie der Notarzt, wie sie sich die Ohren zum Schutz vor den Geräuschen des Fernsehers zuhält, den sie auf volle Lautstärke gestellt hat, um vielleicht das letzte Röcheln des Sterbenden nicht hören zu müssen – und weil sie sich der Illusion hingeben will, nicht allein zu sein. Als sie den Arzt sieht, bedankt sie sich, daß er sie »befreit« habe ...

Da todkranke Menschen meistens nicht im Krankenhaus bleiben wollen, den Familien andererseits oft die Möglichkeiten fehlen, sind ambulante Pflegeeinrichtungen gefragt, denen es jedoch häufig an Mitteln mangelt. Blandine Beth (1986) hat als eine der ersten die medizinischen Prinzipien der Hilfsdienste dargestellt. Ihr Buch stellt neben den verschiedenen Techniken zur Schmerzlinderung auch Möglichkeiten vor, wie dem Patienten Behaglichkeit, Wohlbefinden und Unterstützung verschafft werden können. Sowohl für eine Pflege im Krankenhaus als auch für eine Betreuung zu Hause ist ihr Buch von großem Nutzen. Darüber hinaus werden eindrucksvoll die Schwierigkeiten von Ärzten dokumentiert, den Tod ihrer Patienten zu akzeptieren.

»Das ist hier ein städtisches Milieu«, sagt der sechsunddreißigjährige Doktor C., der eine Praxis in Bourges hat. »Die Frauen arbeiten alle auswärts, es gibt finanzielle Probleme, sehr wenige Familien sind bereit, den Sterbenden bis zu seinem Tod zu begleiten, zumal wir nicht sagen können, wie lange das dauern wird ... Es ist schwer, sehr schwer mitanzusehen, wie der Kranke den Appetit verliert, schwächer wird, wie sich sein Zustand verschlechtert. Wir bekommen die Angst der Familie unverhüllt zu spüren. Diese wiederum bekommt vierundzwanzig Stunden lang die Angst des Kranken zu spüren ... Ihn ins Krankenhaus zu schicken, ist sicher eine Erleichterung und feige.«

Neben diesen Aussagen hat Marie-Ange d'Adler 1987 weitere Berichte von praktischen Ärzten zusammengetragen, die alle auf die Beschränkungen hinweisen, mit denen Stadtärzte sich konfrontiert sehen. »Vergangene Woche besuchte ich einen Patienten in einer Zwei-Zimmer-Wohnung: Ich konnte mit seiner Frau nicht allein sein. Der Kranke machte deutlich, daß er nicht ins Krankenhaus wollte... Ihn zu Hause zu behalten, war jedoch nicht möglich, denn ein älterer Partner hat nicht die Kraft, einen Bettlägerigen zu heben oder zu waschen...« Auch hier sind die konkreten Probleme ebenso komplex wie die moralischen Nöte – ein älterer Partner schafft es ohne Hilfe eben nicht, dem Sterbenden, mit dem er sein Leben geteilt hat, elementare Pflege zukommen zu lassen.

Wenn schon die Familie ausfällt, sind dann nicht andere soziale Netze denkbar? Neben ambulanten Pflegediensten, kommunalen und kirchlichen Sozialstationen ist hier sicherlich noch ein breites Betätigungsfeld für ehrenamtliche Helfer, wie es sich speziell bei der Betreuung von Aids-Kranken ansatzweise bereits entwickelt hat. Aus dem Bestreben heraus, den Kranken längstmöglich eine Fortsetzung des gewohnten Lebens zu ermöglichen, wurden in Zusammenarbeit mit den Aids-Beratungsstellen Konzepte für die Betreuung zu Hause entwickelt. Neue Techniken der ambulanten Pflege sind entstanden, wobei die Erhaltung der Lebensqualität zum Hauptanliegen gemacht wurde. Überhaupt hat Aids, da es eine relativ junge Bevölkerungsschicht betrifft, die gewohnt ist, für ihre Belange einzutreten, mit Sicherheit dazu beigetragen, die Humanisierung der Pflege voranzutreiben.

Das Problem des Verschweigens

Ob plötzlich oder vorhersehbar – der Tod macht immer ratlos. Erst wenn er in die Familiengeschichte integriert ist, kann er von einer Generation zur nächsten überliefert werden. So entstehen Familienmythen. Die Situationen, wenn eine ernsthafte Erkrankung auftritt, sind häufig äußerst wirr. Die Familienangehörigen wissen immer über den Ernst der Diagnose Bescheid, doch können ihre eigenen Gefühle oder auch ihre Ambivalenz zu Lügen und Fehlleistungen gegenüber dem Kranken führen, den sie schützen wollen.

Für einen Arzt ist es belastend, dem Patienten die Diagnose verheimlichen zu müssen. Ungleich schwerer ist es für einen Partner, einen Vater oder eine Mutter, den eigenen Kummer zu verbergen und die Angst zu verdrängen. Führt nicht außerdem das Wissen um den Tod eines anderen dazu, die Zeit danach vorwegzunehmen und damit schwer zu ertragende Schuldgefühle zu entwickeln? Nicht nur, daß eine Verschwörung des Schweigens um den Kranken für ein quälendes Unbehagen sorgt – die antizipierte Trauer führt gelegentlich schon zur Affgabe des Patienten, während dieser sich noch ganz normale Beziehungen wünscht. Früher wurden solche vorbeugenden Trauerreaktionen bisweilen für sinnvoll gehalten, da sie angeblich den affektiven Schock des Todes vorwegnahmen und die Energie auf weniger emotional besetzte Bereiche verteilt wurde. Unsere klinische Erfahrung zeigt jedoch, daß man mit einer vorweggenommenen Trauer der Sterbebegleitung entflieht, denn während die Gefühle, die Gedanken und die Verhaltensweisen der Familie auf Trauer eingestellt sind, lebt der Sterbende einsam seinem Ende entgegen.

Vorweggenommene Trauer kommt häufig in den Familien jener Patienten vor, bei denen die körperliche Veränderung oder die geistige Verkümmerung besonders spektakulär ist. Auch langwierige Krankheiten verursachen vorweggenommene Trauer: Gelegentlich zeigen die Angehörigen Fotos des Kranken, wie er vorher war, oder sie erzählen aus dieser Zeit, als müßten sie sich von der Irrealität der gegenwärtigen Situation überzeugen. Dem Sterbenden gegenüber legen sie gar eine gewisse Feindseligkeit an den Tag – etwa wenn sie sich erstaunt geben, daß er selbst seine äußerlichen Veränderungen nicht wahrnimmt. Sie leiden besonders unter dem Verlust des schönen, starken oder mächtigen Menschen, den sie vorher kannten.

Läßt man ihnen die Möglichkeit sich auszudrücken, können die Sterbenden den Lebenden durchaus etwas geben. Wir begegnen manchmal Familien, bei denen keinerlei Austausch mehr mit ihrem Kranken stattfindet; sie sind unfähig, sich vorzustellen, ein Sterbender habe auch etwas zu bieten. Dies aber zeigt Michel de M'uzan in seinem bemerkenswerten Aufsatz zur »Sterbearbeit«: Eine junge Frau im Endstadium ihrer Krebserkrankung schenkt ihrer Therapeutin ihr rotes Lieblingskleid, damit diese, wenn sie das Kleid nach dem Tod der Kranken anzieht, noch verführerischer wirkt. Die Sterbende projiziert sich hier über die Person der geschätzten Therapeutin in die Zukunft hinein. Andererseits ist zu beobachten, daß Familienangehörige oder Pfleger eine irrationale Angst vor einer tödlichen Ansteckung entwickeln, wenn sie ein solches Geschenk oder ein mit Schuldgefühlen behaftetes Erbe annehmen – eine Furcht, die sich zur phobischen Abneigung gegen bestimmte Gegenstände steigern kann.[9]

Die Angst, von dem Sterbenden verschlungen zu werden, die Angst vor seiner sexuellen Begierde, die Angst vor einer Identifikation mit dem Sterbenden – all diese unbewußten Ängste schüren die Abneigung, mit dem Sterbenden in eine wirkliche Kommunikation zu treten. Dabei ist der verbale Austausch eines der besten Mittel, um bei Aufhebung bestimmter Tabus eine Traumatisierung zu vermeiden. So berichtet bei einer allgemeinen Besprechung eine junge Krankenschwester, daß ein Patient, der Morphium schlecht verträgt, sich ihr gegenüber vollkommen enthemmt gebärdet und ihr eindeutige sexuelle Angebote unterbreitet habe. Für sie hat damit etwas Unvorstellbares stattgefunden, und sie kann die Nähe des Patienten nicht mehr ertragen, vor allem abends nicht, wenn sie allein auf Station ist. Da die Situation sie erheblich belastet, versucht sie, sich von einer Kollegin vertreten zu lassen. Durch ihre unbeholfene Begründung weckt sie aber deren Mißtrauen und verstärkt so ihr eigenes Schuldgefühl. Sie ist besorgt wegen ihrer »Unfähigkeit«, ihre Funktion wahrzunehmen, stellt ihre Hemmungen offen vor ihren Kolleginnen zur Diskussion und fühlt sich dabei außerordentlich mutig. Sie staunt nicht schlecht, als nach kurzem Schweigen zwei ähnliche Berichte offenbart werden – verworrene Aussagen, mit Schuld und Angst beladen, die aber alle die Frage der Begierde des Sterbenden thematisieren.

Junge Schwestern, Pfleger und Ärzte, inbesondere jedoch die Angehörigen, die erstmalig einen Sterbenden begleiten, sehen in ihrer Vorstellung nur einen Menschen, der ausschließlich Leiden, Traurigkeit und den Wunsch nach Aufmunterung empfindet. Die Betreuer selbst betrachten sich als Trostspender, als möglichst neutrale Versorger und übersehen damit Grundlegendes: Ein Sterbender hat sich nicht unbedingt mit dem Verlust seiner Sexualität abgefunden und ist auch kein Neutrum. Ganz im Gegenteil: Er schärft einen Teil seiner Sinne und kämpft gegen die emotionale Ablehnung, die er erfährt. Da die Ärzte an der Trennung von Eros und Thanatos äußerst interessiert sind, werden sexuelle Regungen bei einem Sterbenden leider oft als Indiz für Perversion oder Geistesstörung angesehen.

In diesem Fall bezieht sich die Tabuisierung auf die Weigerung des Sterbenden, sich einem gesellschaftlichen Verdikt unterzuordnen, doch sie kann auch die Familie betreffen, die ihre aggressiven Projektionen verschweigt und Zeichen der Zuneigung, die unter Umständen mißverstanden werden könnten, zurückhält. Aus denselben Gründen werden gelegentlich sogar Trauernde selbst isoliert und von ihrer Familie beinahe ausgegrenzt.

Ein etwa vierzigjähriger Unternehmer wird nach einem Autounfall mit einer Brustkorbquetschung ins Krankenhaus eingeliefert. Seine Frau und sein Sohn sind bei dem Unfall ums Leben gekommen. Weil er nicht an der Beerdigung teilnehmen kann, beschließen seine Freunde und Verwandten, die alle aus einer stark durchstrukturierten ländlichen Gemeinde stammen, die Zeremonie zu filmen, damit der Patient, falls er das wünscht, sich den Film später anschauen kann. Weil sie sich jedoch nachträglich Sorgen wegen der Besonderheit ihres Tuns machen, suchen die Familienmitglieder therapeutische Beratung. Sie wollen wissen, ob sie mit dem Patienten über ihr Vorhaben sprechen können, und sie wollen einen Rat, wie sie ihm gegenüber von den beiden Toten reden sollen. Einige lehnen es entschieden ab, über die vorherige Situation zu reden. Ein anderer, der Pate des toten kleinen Jungen, durchlebt erneut den sechs Jahre zurückliegenden Verlust eines seiner eigenen Kinder, und die Zusammenkunft mit seinem Freund bereitet ihm große Schwierigkeiten. Schließlich, von dem gegenwärtigen Drama abgesehen, denken viele bereits an die Fortführung der Geschäfte des in seiner Gegend bedeutenden Unternehmers. Manche zögern nicht, eine neue Ehe mit einer bestimmten jungen Frau in Betracht zu ziehen. Alle fühlen sich sehr schuldig wegen ihrer Verhaltensweisen und erhoffen sich vom Psychologen einen kollektiven Freispruch.

Der Patient hingegen hat das Gefühl, vernachlässigt zu werden. Zwar nimmt er die informelle Kommunikation um sich herum wahr, doch begreift er nicht den Sinn jener plötzlichen Abkehr, jenes künstlichen Humors oder auch jener ermunternden Sätze, die zuweilen seine Klagen übertönen. Er ist nicht nur wegen des Geschehens isoliert, sondern auch wegen des unausgesprochenen Verdachts seiner Familie: Hat er wirklich versucht, dem Wagen auszuweichen, der plötzlich auf der anderen Straßenseite auftauchte?

Die von der Familie gewünschte therapeutische Intervention löst die Schuldgefühle und Zweifel auf, indem sie dem Psychologen gegenüber frei geäußert werden. Das Verhalten der einzelnen Familienmitglieder wird allmählich nuancierter, und bald teilen sie dem Trauernden mit, daß sie die Beerdigung gefilmt haben. Im übrigen wünscht dieser selber, den Film zu sehen – allerdings erst zu einem späteren Zeitpunkt, nachdem er sich von seinem Schock erholt hat. So kann er, wenn auch nur mittelbar, einen Zugang zum Tod seiner Angehörigen bekommen und seine sozialen Funktionen wahrnehmen.

Dieser Fall veranschaulicht die Bedeutung der Zeremonie für die soziale Gruppe, die einen Trauernden mit der schweren Aufgabe konfrontiert, trotz der Ereignisse weiterleben zu müssen. Will er sich wieder integrieren, muß er sich dem Ritual unterziehen. Im Gegenzug dazu wird man ihm zur Seite stehen und ihm helfen. Da in diesem Beispiel eine allseitige Verunsicherung eingetreten war, mußten die Schwierigkeiten auf beiden Seiten durch therapeutische Hilfe ausgeräumt werden, wodurch sowohl die Gefahr einer pathologischen Trauer als auch eines Ausschlusses aus den sozialen Beziehungen verhindert wurde.

Die weitergereichte Trauer

Zur vollständigen Geschichte der Familie, die jedes Kind im Verlauf seiner Entwicklung rekonstruiert, gehören auch Trauerfälle, die von einer Generation zur nächsten überliefert werden. Doch es gibt auch Todesfälle, die man, weil sie einen unerträglichen Einbruch bedeuten, ebenso verschweigt wie den »Fehltritt« junger Mädchen. Sie offenzulegen, käme gewissermaßen dem Eingeständnis gleich, daß die Familie unfähig war, die Sterblichkeit ihres Stammes zu überwinden. Wir haben es hier also mit einer Abwehr der Irreversibilität des Todes zu tun. Kindern und Erwachsenen, die mit einem solchen Verschweigen konfrontiert waren, drohen später oft Identitätsstörungen, besonders wenn sie »Ersatzkinder« waren.

Juliette, eine junge Frau aus der Bretagne, kommt wegen einer akuten Leukämie auf die hämatologische Station eines Krankenhauses. Die Mutter zweier Kinder hat die Bindungen zur übrigen Familie allmählich gelöst und sich ausschließlich auf ihren Mann, ihren Sohn und ihre Tochter konzentriert. Da eine Knochenmarkübertragung in Aussicht genommen wird, sieht sie wegen der Verträglichkeitsuntersuchung ihre älteren Brüder wieder, die sie seit ihrer Heirat aus den Augen verloren hat. Die Resultate lösen eine tiefe Depression aus: Keiner der Brüder kommt als Spender in Frage, und es soll eine semi-kompatible Übertragung mit einem entfernteren Verwandten versucht werden. Seltsamerweise lehnt Juliette diese Möglichkeit kategorisch ab, obwohl sie sich vorher zu allem bereit erklärt hat, um wieder gesund zu werden.

Juliette erläutert nach und nach, daß ihr, als jüngstem Kind, vieles verschwiegen worden sei und sie niemandem mehr vertraue. Der Tod eines ihrer Geschwister, bevor sie selbst auf die Welt kam, ist lange als Familiengeheimnis behandelt worden. Sie sieht sich als Opfer des Schweigens, tief geprägt durch ein dramatisches Ereignis in der Kindheit: Als sie einmal in der Dachkammer des Elternhauses spielte, entdeckte sie in einer Truhe Kinderkleidung und Fotos von einem schlafenden Baby. Das Unstatthafte ihres Fundes spürend, nahm sie eines der Bilder heimlich an sich, um damit zu spielen. Die älteren Brüder entdeckten den »Diebstahl« und erklärten ihr, das schlafende Baby sei in Wirklichkeit ein kleiner Bruder am Tag seines Todes, ein Jahr bevor sie geboren wurde. Sie fühlte sich von allen verraten, besonders von ihrer Mutter, die sie in Unkenntnis gelassen hatte, während die Brüder das Geheimnis kannten.

Die Frage der Rückenmarkübertragung, die aufgrund der damit verbundenen Risiken Todesangst weckt, ruft bei der jungen Frau das Gefühl von Unsicherheit und Betrogensein neu hervor. Sie empfindet sich entwertet, als jemand, dem die Wahrheit verborgen wird. Das Ressentiment gegenüber ihrer Familie treibt sie in die Position des Opfers – sie lehnt jede Hilfe ab.

Eine geduldige Aufklärungsarbeit, in welche die Brüder einbezogen werden, ist notwendig. Sie akzeptieren die Anklagen ihrer Schwester und sind ganz offensichtlich enttäuscht, daß sie ihr kein Rückenmark spenden können. Das zeigt ihr, daß sie wieder Vertrauen zu ihnen fassen kann. An den feindseligen Gefühlen der Mutter gegenüber hält sie allerdings fest. Sie beschuldigt sie, zu ihrer Genesung nicht beizutragen, denn, indem sie den kleinen Jungen verloren habe, sei ihr eine Überlebenschance genommen worden. Vielleicht wäre die Rückenmarksubstanz dieses Bruders ja kompatibel gewesen!

Die Krankheit schafft eine schwierige Situation, die den Konflikt um den Tod des jüngeren Bruders neu belebt. Die aus dem Krankenhausaufenthalt resultierende Regression läßt die Reaktion dieser jungen Frau eine besondere Intensität annehmen. In Momenten der größten Verbitterung argumentiert sie auf infantile Weise und leidet unter entsetzlicher Einsamkeit. Die Todesgefahr veranlaßt sie, sich mit diesem verstorbenen Kind zu identifizieren. Eine Zusammenkunft der ganzen Familie ermöglicht es, die verschiedenen Elemente dieser Geschichte neu zusammenzufügen, und verhindert, daß die nicht geleistete Trauerarbeit von einer Generation auf die nächste übertragen wird. Ein »Ersatzkind« fühlt sich immer vage bedroht, als müßte es unausweichlich die Geschichte des gestorbenen Kindes wiederholen. In dem vorliegenden Fall ist die Bedrohung in Gestalt der Leukämie Wirklichkeit geworden. Die Rückenmarkübertragung erschwert Juliettes Suche nach ihrer Identität zusätzlich. Ihre eigenen Kinder sehen den Umwälzungen innerhalb der Familie ohnmächtig zu, und die detaillierte Darstellung der mütterlichen Probleme macht deutlich, mit welchen Schwierigkeiten sie fertigwerden müssen, um ihren Platz innerhalb ihrer Familie zu finden.

Claude Nachin (1989) hat aufgezeigt, daß überlieferte Trauer vor allem dort vorkommt, wo die Trauer um den Verlust eines geliebten Menschen nicht nach außen hin gezeigt werden konnte. Infolge des Holocaust begegnet man in jüdischen Familien häufig Opfern eines solchen weitergereichten Leidens. Oft handelt es sich um den einzigen Überlebenden einer ausgelöschten Familie, der, um sein Leben zu retten, seine Qualen verbergen mußte und unter extremen Bedingungen überlebt hat. Bruno Bettelheim erwähnt diese mit dem Völkermord verbundene Trauer: »Das, wovon nicht gesprochen werden kann, ist auch das, was man nicht lindern kann, und wenn man es nicht lindert, bleiben über Generationen hinweg schwärende Wunden...« Die übriggebliebenen Familienmitglieder wissen zuweilen nicht, wie sie diese unendliche Trauer je auflösen sollen.

Das Kind, dessen Eltern gestorben sind, wird von beiden Familien als letzter Nachkomme betrachtet. Jeder versucht also, verwandte Züge an ihm zu entdecken bzw. zu erfinden. Manchmal kommt es sogar zu Streitereien um das Kind, was dessen Persönlichkeitsbildung in hohem Maße schadet.

Sarah, eine junge Amerikanerin, ist mit einem vierzigjährigen

Franzosen verheiratet, der im Sterben liegt. Sie spürt, unter welcher Belastung und Anspannung ihre beiden Kinder in dieser Situation stehen. Weil sie ihren Mann betreuen will, ihr Sohn und ihre Tochter aber noch sehr jung sind, ruft Sarah Mutter und Schwester zu Hilfe, die in Chicago leben. Diese eilen sofort herbei, kümmern sich um die Kinder, bringen sie zur Schule, versorgen sie, so daß Sarah Zeit für ihren Mann hat. Sollte der Vater sterben, wollen Großmutter und Tante die Kinder in die Vereinigten Staaten mitnehmen, »damit sie dort alles vergessen«. Den französischen Großeltern mißfällt die in Aussicht genommene Abreise ihrer Enkel, und es entspannt sich ein kleiner Krieg um den Sterbenden herum. Wohlmeinende Freunde raten ihm, explizite testamentarische Verfügungen hinsichtlich seiner Kinder zu machen. Die Spannung steigt und bleibt nicht ohne Wirkung auf den psychischen Zustand des Kranken, der den Machtkämpfen der beiden Familien ohnmächtig zusieht.

Den Eltern des Kranken geht es um etwas, das weit über die Krankheit ihres Sohnes hinausgeht. Als Algerienfranzosen haben sie nach der Unabhängigkeit des Landes die Vertreibung aus einem »Paradies« erfahren. Ihre Enkel zu verlieren, bedeutet für sie, daß ihre Familie, die schon einmal entwurzelt wurde, jetzt endgültig verschwinden wird.

Zu starke Projektionen auf ein Kind beobachtet man häufig bei Eltern, die ein anderes Kind verloren haben und mit dem überlebenden übermäßig besorgt umgehen. Als könnte ihnen die ganze Generation der Kinder entgleiten, empfinden sie bei jeder Abwesenheit des Kindes eine massive Angst. Sie haben häufig Alpträume, die den Konflikt zwischen Aggressivität und Liebe – den ein kurz zurückliegender Verlust noch verstärkt – dem lebenden Kind gegenüber bezeugen. Im vorliegenden Fall hat der Kranke zwar keinen verstorbenen Bruder, doch nimmt hier die traumatisierende Entwurzelung aus der Heimat einen ähnlichen Rang ein. Was Sarah betrifft, so wird ihre Trauer durch das Gezerre um die Kinder verschlimmert, wobei niemand auf ihr Leiden Rücksicht nimmt. Ihr droht eine pathologische Trauer, und ihre jetzt noch zu jungen Kinder werden Schwierigkeiten haben, sich ihren Platz innerhalb einer Situation zu schaffen, in der unterschiedliche Kulturen und Menschen miteinander rivalisieren.

Francisco J. Varela (1989) geht davon aus, daß Familien wie alle Gesellschaften autonomen Systemen gleichgesetzt werden können, deren Bestandteile mittels Veränderung und Interaktion kontinuierlich das Netz erneuern, das sie hervorgebracht haben. Auf jeder Ebene wird für die Stabilität der Organisation gesorgt, indem zur Bewahrung ihrer Identität die Struktur verändert wird, was unter Umständen zu ernsten Konflikten zwischen den Generationen führen kann.

Jeanne, eine reizende Siebzigjährige, sucht die Psychologin auf, weil sie im Sterben liegt und sich auf den Tod vorbereiten will... Solche direkten Anfragen sind selten. Jeanne möchte besonders bei der Frage beraten werden, wie sie mit ihrer vierjährigen Enkelin über ihren Tod sprechen soll. Sie selbst ist Agnostikerin. »Soll ich ihr sagen, ich sei in den Himmel, zu den Sternen aufgestiegen und werde sie von dort oben immer beschützen? Soll meine Tochter sie zur Beerdigung mitnehmen?« Sie selbst scheint einigermaßen gelassen zu sein. Für die Kleine verfaßt sie Gedichte und rezitiert sie mit singender Stimme, die einen Kontrast zu ihrem besorgniserregenden Zustand bildet. Zu dieser Zeit erlebt sie allerdings eine kurze Phase der Besserung, die von einer Verschlechterung abgelöst wird.

Wir besuchen Jeanne zweimal wöchentlich, doch bald interveniert die Tochter: »Wissen Sie, meine Mutter war schon immer eine Einzelgängerin... Sie hat sich spät scheiden lassen, damals war so etwas anrüchig...« Der Konflikt zwischen Mutter und Tochter liegt auf der Hand, beide scheinen ihn anzufachen. Bewußt ignoriert die Mutter die Tochter; die Tochter möchte, daß unsere Gespräche unter dem Siegel der Verschwiegenheit geführt werden. Wir klären die Tochter über die Notwendigkeit vollkommener Aufrichtigkeit zwischen uns auf und informieren Jeanne über das Gespräch mit der Tochter. Sie sieht ein, daß es sinnvoller ist, vor ihrem Tod ihre Angelegenheiten in Ordnung zu bringen, die seelischen und geistigen eingeschlossen ... Eine Versöhnung ist das allerdings nicht. Während Jeanne nach und nach auf das Sprechen verzichtet, hat ihre Tochter offensichtlich eine psychotherapeutische Behandlung begonnen – vermutlich hat sie durch die Begegnung mit der Therapeutin ihrer Mutter einen Anstoß erhalten, ihre tiefen Konflikte zu klären.

Nachdem sie von der Verschlechterung von Jeannes Befinden benachrichtigt worden ist, kommt sie gegen Mittag ins Krankenhaus. Beide wissen wir, daß es zu Ende geht. Die junge Frau, die bis dahin eher streng wirkte, schüttet mir ihr Herz aus. Ehe sie wieder geht, will sie noch einmal nach ihrer Mutter sehen, aber diese ist in der Zwischenzeit gestorben ... Später vertraut sie uns an, daß dieser Tod, der ihr »entgangen« ist, sie erschüttert hat. Sie schwankt zwischen zwei Hypothesen: Ihre Mutter wollte nicht, daß die Tochter sie bis ans Ende begleitete – vielleicht auch, um die furchtbare Konfrontation zwischen derjenigen, die geht, und derjenigen, die siegt und bleibt, zu umgehen. Die gegenteilige Hypothese lautete, ihre Mutter habe sie schützen, ihr das Erleben ihres Todes ersparen wollen. Die Ambivalenz ist offensichtlich. In späteren Gesprächen wird Jeannes Tochter zugeben, daß sie es nicht ertragen hätte, den letzten Atemzug ihrer Mutter zu erleben. Hat die Mutter ein allerletztes Mal die Schwierigkeiten, die die Beziehung zu ihrer Tochter beeinträchtigten, mit einem Augenzwinkern bedacht? Oder hat sie es in einem letzten Ausbruch von Willenskraft auf sich genommen, alleine einen Weg zu gehen, der sie vielleicht gar nicht so sehr ängstigte? Die Tochter wird dank eigener Anstrengungen aus der Situation reifer hervorgehen und auch wieder an ihre ländlichen Wurzeln anknüpfen, über die sie sich zuvor stolz hinweggesetzt hat. Für sie wird die Trauer, wie Elisabeth Kübler-Ross es 1974 beschrieben hat, ein Wachsen, eine Entwicklung ihrer Sensibilität, einen Beginn von Weisheit bedeuten.

Der Psychologe spielt zugegebenermaßen eine heikle Rolle bei einer innerfamiliären Auseinandersetzung, in der er selbst zum Mitwirkenden wird. Häufig fällt hier dem Pflegepersonal und besonders den behandelnden Ärzten wider eigenen Willen eine Vermittlerrolle zu. Manchmal läßt sich die Situation nur dadurch meistern, daß die Gruppe der Ansprechpartner um solche Personen erweitert wird, die an der Pflege nicht unmittelbar beteiligt sind, denn diese tragen nicht zugleich die emotionale Belastung der therapeutischen Entscheidung.

Die Situationen, in denen es zu einer Zuspitzung kommt, wiederholen sich. Die Familien klagen, daß ihr Angehöriger zu stark leide; sie fordern, daß dieses Leiden aufhöre, oder wünschen, daß er von seinem Leiden erlöst werde. Der Begriff des Leidens, der hier fast als Leitmotiv auftaucht, hat verschiedene Bedeutungen, und der Grund des Leidens ist meist nicht der, der vermutet wird. So leidet der Patient, der mit Betäubungsmitteln von seinen organischen Schmerzen befreit ist, oft unter den subjektiven Auswirkungen seiner Agonie. Die Familie aber schlägt Alarm: Sie erträgt es nicht, den Kranken unter diesen Bedingungen zu begleiten und verlangt möglicherweise mehr oder weniger offen die Euthanasie, wobei das Ausmaß der damit verbundenen Schuldgefühle davon abhängt, mit welcher Intensität diese Forderung vorgebracht wird. Es muß also offen gesprochen und zuweilen den Familien der Sinn der Sterbebegleitung erklärt werden. Auch müssen sie ihre Unfähigkeit oder ihre Ablehnung ausdrücken dürfen, denn es ist unmöglich, eine Begleitung gegen den Willen der Beteiligten durchzusetzen – der lobenswerte Idealismus mancher Ärzte findet seine Grenzen an der Realität innerfamiliärer Konflikte.

Entzieht sich die Familie, verlagert sich das Problem auf das Krankenhaus, und somit wird es wichtig, daß dort alle, von der Putzfrau bis zum Stationsarzt, für die Methoden und Ziele der Sterbebegleitung sensibilisiert werden. Parkes hat die Situation in einem Pflegeheim und einem normalen Krankenhaus verglichen, wobei er Hinterbliebene befragte, deren Partner an Krebs gestorben waren.

Innerhalb von zehn Jahren, zwischen 1967/69 und 1977/79, vollzog sich eine beachtliche Entwicklung. Während das Pflegeheim bereits früh wirksame Mittel gegen Schmerzen einsetzte, wurde dies erst zehn Jahre später von den allgemeinen Krankenhäusern übernommen, und Morphiumpräparate waren nicht länger tabuisiert. Die Patienten und ihre Angehörigen hatten in der Spezialeinrichtung weniger Angst; der Kontakt zum Pflegepersonal war besser als in den allgemeinen Krankenhäusern.

1979 beteiligten sich im Heim fünfundachtzig Prozent der Partner an der Patientenpflege, während im Krankenhaus nur fünfundzwanzig Prozent dies taten. Nach dem Tod des Patienten blieben beinahe drei Viertel der Partner in Kontakt mit dem Heim, während zum Krankenhaus keinerlei Kontakt mehr gepflegt wurde. Aufschlußreich sind die Kommentare zu den Beziehungen zwischen Pflegepersonal und Familien: Die Krankenschwestern im Pflegeheim gelten als »sympathisch, aufmerksam und hilfsbereit«. Ihre Kolleginnen im Krankenhaus werden als »sehr beschäftigt« wahrgenommen. Vermittelt das Heim ein Gefühl familiärer Zusammengehörigkeit, so grenzt das Krankenhaus eher aus. Zur Entdramatisierung der Atmosphäre benutzen beide Institutionen gerne den Satz: »Machen Sie sich keine Sorgen.« Parkes kommt also zu der Schlußfolgerung, daß es hinsichtlich der medizinischen Versorgung zwischen Krankenhaus und Pflegeheim keine nennenswerten Unterschiede mehr gibt, das Eingehen auf die Familien jedoch weiterhin für die Heimeinrichtungen spricht.

In den Vereinigten Staaten gab es 1984 mehr als tausend Pflegeheime, ergänzt durch die ambulanten Dienste. L. C. Rainey und seine Mitarbeiter haben die Bedürfnisse der Familien in Relation zu den ärztlichen Angeboten gesetzt. Welche Begleitung ist am ehesten mit den Erwartungen von Patient und Ärzten vereinbar?

Hundertfünfzehn Patienten mit Krebs im Endstadium (fünfundzwanzig unterschiedliche Typen) sind in einem Ärztezentrum der berühmten Universitätsklinik von Los Angeles interviewt worden. Alle Patienten wußten um die Unheilbarkeit ihrer Krankheit; beide Geschlechter waren vertreten, und der Altersdurchschnitt lag bei dreiundfünfzig Jahren. Man bat sie darum, diejenigen Pflegeleistungen, die sie sich wünschen würden, in der Reihenfolge ihrer Präferenz aufzulisten. Als ersten Punkt nannten die Patienten die ärztliche Kontrolle der Symptome, als zweiten die häusliche Pflege und als dritten die psychologische Unterstützung. Die Begleitung der Trauernden kam als letzter Punkt, was bestätigt, daß Patienten und ihre Familien nicht auf dieselbe Weise reagieren.

In einem Punkt unterschieden sich die Antworten des Pflegepersonals deutlich: Im Gegensatz zu den Patienten rückten sie die Unterstützung der Trauernden weit nach vorne, denn dadurch wird wiederum eine Entlastung des Personals erreicht, das sich ansonsten durch ratlose und gestreßte Familien auch in der Interaktion mit dem Patienten gelegentlich behindert sieht.

Irene Higginson und ihr Mitarbeiterstab aus London haben 1990 die unterschiedliche Wahrnehmung von Kranken und ihrer Familie bestätigt. In dieser Untersuchung sind fünfundsechzig Patienten von einem auf Pflegedienste spezialisierten Team zu Hause betreut worden. Dabei fielen bei der Familie zahlreiche Angstsymptome auf, während der Patient, unter dem Vorbehalt einer ausreichenden Kontrolle seiner Schmerzen, sich weitaus weniger ängstlich zeigte – ein Unterschied, der statistisch signifikant ist. Hingegen äußerten die Familien mehr Zufriedenheit mit der ambulanten Pflege als die Patienten selbst. Kommunikationsschwierigkeiten entstanden hauptsächlich bei der Eröffnung der Diagnose und der Ausarbeitung des Behandlungsplans. Diese Analyse – durchgeführt mit Patienten, die zwei bis vier Wochen zuvor nach Hause zurückgekehrt waren, um dort zu sterben – erhellt, wie unterschiedlich die Eindrücke sind, und widerspricht der Auffassung, daß die Haltung der Familie für die des Patienten repräsentativ sei. Ärzte und Schwestern mag sie vor voreiligen Urteilen warnen, die das Leiden des Patienten und die schmerzliche Trauer der Familie verwechseln.

Die englische Bezeichnung *breaking bad news* steht für eine Kommunikationstechnik, die zum Ziel hat, die Wirkung schlechter Nachrichten systematisch zu zerstören. Die Eröffnung dieser Diagnose oder einer düsteren Prognose darf, um nicht zusätzlich traumatisierend zu wirken, nicht auf einem Gang oder gar an der Schwelle zum Krankenzimmer stattfinden. Der Arzt kann die Familie einleitend fragen, ob sie eine Vorstellung von der Diagnose hat; vor allem aber muß er sich erkundigen, ob sein Gegenüber von sich aus Fragen hat. Zu häufig nämlich lassen die Ärzte den bestürzten Familien keine Möglichkeit der Artikulation, und die Fragen drängen sich erst auf, wenn die Angehörigen den Patienten hinsichtlich des Inhalts der vorherigen Unterhaltung belogen haben – der Teufelskreis ist damit angelegt; die Spaltung zwischen denjenigen, die wissen, und denjenigen, die in relativer Unklarheit gelassen werden, ist hergestellt. Der Patient wagt es nicht, an seinem Arzt zu zweifeln oder ihn zu befragen, weil er dadurch eine Gefährdung der erhofften Pflege befürchtet. Die Angst des Patienten zu mindern, ist um so wichtiger, als davon die Begleitung des Sterbenden und die Trauerarbeit der Familie abhängt.

Formen der Trauerhilfe

Die Anfänge der organisierten Trauerhilfe sind in der Zeit nach dem Zweiten Weltkrieg anzusiedeln, als man sich in einigen Ländern um die materielle und seelische Betreuung der zahllosen Kriegerwitwen kümmerte. Mittlerweile gibt es fast überall auf regionaler Ebene ein gut ausgebautes Netz geschulter Ansprechpartner, die bei Trauerproblemen jedweder Art zur Verfügung stehen. Es handelt sich um Mitarbeiter in kommunalen und kirchlichen Stellen oder bei den verschiedenen Wohlfahrtsverbänden. Neben Einzelgesprächen werden Erfahrungsgruppen, Tagungen und Seminare angeboten, die dem Trauernden weiterhelfen sollen.

Eine besondere Rolle spielen die Selbsthilfegruppen, die sich an allen Orten angesiedelt haben und sich teilweise auch um sehr spezielle Formen der Trauer kümmern. Denn jede Trauer erfordert eine besondere Form der Bewältigung. Ob es sich nun um plötzlichen Kindstod oder um ein schon totgeborenes Kind, ob um einen unerwarteten Selbstmord oder um einen Verlust durch Aids handelt – für alle Trauernden ist es hilfreich, sich mit Menschen austauschen zu können, die eine ähnliche Situation durchlebt haben.

Mit all diesen Vereinigungen erlebt man eine Professionalisierung der Trauer. Sie ist Indiz für die Notwendigkeit, die Leere auszufüllen, durch den weitgehenden Zerfall der alten sozialen Gemeinschaften entstanden ist. Die modernen Trauerhelfer haben jedoch zwei Klippen zu umschiffen: Sie dürfen erstens die Trauer nicht mit anderen Krankheiten gleichsetzen, sondern müssen mit spezifischen Behandlungsweisen und ausgebildeten Experten vorgehen und zweitens die Trauer ökonomisch verwalten, indem spontane Gefühlsäußerungen maximal begrenzt werden. Den Anzeichen einer pathologischen Trauer muß hierbei besondere Aufmerksamkeit geschenkt werden, um negative Konsequenzen selbst für spätere Generationen zu verhindern. Schließlich können die Erfahrungen aus solchen Gruppen dazu führen, daß der Verdrängung des Todes in der westlichen Welt Einhalt geboten wird.

Das Pflegepersonal angesichts von Tod und Trauer

Menschen altern – und mit zunehmendem Alter häufen sich die Krankheiten. Die Diskussion um die Bedürfnisse von Sterbenden hat auch die Sensibilität für die Schwierigkeiten des Pflegepersonals geschärft, das ständig mit dem Tod konfrontiert ist. Hat man denn ursprünglich geahnt, daß die Kehrseite der Annehmlichkeiten gestiegener Lebenserwartung und verbesserter Lebensbedingungen die rasante Zunahme hochbetagter Menschen sein würde, die früher oder später Patienten in Heimen und Kliniken werden würden?

1980 gab es weltweit etwa vierhundert Millionen Menschen, die über sechzig waren. Im Jahr 2000 werden sechshundert Millionen über sechzig, davon zwei Drittel in den Industrieländern, finanzielle wie soziale Betreuung beanspruchen. Der Weltgesundheitsorganisation zufolge werden jährlich sieben Millionen neue Krebserkrankungen, die Hälfte davon in den Industrienationen, diagnostiziert. Fünf Millionen dieser Jahr für Jahr Erkrankten sterben, und allein in Europa gehen zweiundzwanzig Prozent der Todesfälle auf Krebs zurück. Allerdings darf man dabei nicht vergessen, daß heute von fünf Toten vier über fünfundsechzig bzw. drei über fünfundsiebzig sind. Das Altern und seine unmittelbare Folge, die Zunahme der Krebserkrankungen, sind also beide auf die Verbesserung der Lebensbedingungen und den medizinischen Fortschritt zurückzuführen, doch wurde angesichts dieser steigenden Tendenz auch Kritik am Umgang der Medizin mit dem Tod wach.

Die steigende Zahl kranker oder pflegebedürftiger Menschen hat seit den sechziger Jahren verstärkt spezielle Pflegeeinrichtungen gefördert. Ausgangspunkt dieser Bewegung war England, das auf diesem Sektor auch heute noch führend ist. Das dortige Konzept der Pflege, das zunächst auf eine wirksamere und flexiblere Schmerzlinderung hinauslief, hat sich zu einer modellhaften Umgangsweise mit dem Tod weiterentwickelt, die in anderen Ländern nachgeahmt wurde. So gibt es in Deutschland inzwischen neben zahlreichen Hospizen, deren Träger zumeist gemeinnützige Vereine oder kirchliche und karitative Verbände sind, eine Vielzahl ambulanter Pflegedienste, die Sterbende rund um die Uhr zu Hause betreuen. Ferner wird seit etwa zwei Jahren der Ausbau von Palliativstationen in den Krankenhäusern gefördert.

Eine Pionierleistung auf diesem Gebiet vollbrachte die englische Ärztin Cicely Saunders, die erstmals im Endstadium einer Krankheit oral Morphium verabreichte. Aber darüber hinaus wurde es immer mehr zum Hauptanliegen, die letzte Phase des Lebens menschenwürdig zu gestalten – ein Konzept, das im Londoner St.-Christopher-Hospiz ausgearbeitet worden ist. Zu den Grundprinzipien gehören eine umfassende Versorgung des Sterbenden, die möglichst vollständige Befreiung von Schmerzen, was dank der Enttabuisierung von Morphiumpräparaten möglich wurde, sowie die Unterstützung der Familien. Es hat sich übrigens herausgestellt, daß in solchen Einrichtungen die Sterbehilfe kein Thema ist, weil kaum einer der weitgehend schmerzfrei Sterbenden die Bitte um Tötung äußert. Anders als in den Krankenhäusern geht es in den Hospizen also nicht mehr um heilen, sondern um pflegen und sorgen. Gleichwohl sind die Pflegeeinrichtungen häufig Gegenstand von Kritik. Bedeuten sie nicht eine zusätzliche Absonderung der Sterbenden? Wird damit nicht der unbequeme Anblick pflegebedürftiger alter Menschen dem Anblick der Gesellschaft entzogen?

Der gegenwärtige gesellschaftliche Wandel gestaltet sich derart, daß wir schrittweise Lösungen in Angriff nehmen müssen. Dem Tod wieder als gesellschaftlichen Faktor Raum zu geben, ist – wir sahen es im Zusammenhang mit den Trauerriten – ein langwieriges Vorhaben. Über den Tod im Krankenhaus zu sprechen, ist ein nicht weniger schwieriges Unterfangen, denn die Kliniken sind weiterhin nicht bereit, die Wirklichkeit der Institutionalisierung des Todes zu akzeptieren. Ein Krankenhaus ist eben ein Ort, wo Menschen wirken, die den Auftrag haben und dafür ausgebildet sind, Kranke zu heilen. Darin liegt eine Herausforderung – das Krankenhaus wird zum High-Tech-Betrieb, an dem herausragende Koryphäen agieren. Wie aber können parallel dazu Verhaltensweisen entwickelt werden, die das Verständnis für Sterbende fördern, die zur Akzeptanz therapeutischer Mißerfolge führen und Familien und Freunden dabei helfen, die schwere Prüfung der Trauer zu überwinden?

Solange das Sterben in den Krankenhäusern eine ausgegrenzte Rolle spielt, besteht auch das Dilemma des Pflegepersonals weiter. Sein Interesse an dem Beruf war, ebensowenig wie bei den Ärzten, ursprünglich davon bestimmt, sich mit alten Menschen oder mit Kranken zu befassen, für die nichts mehr getan werden kann. Es sieht also seine eigentliche Funktion in Frage gestellt und entwickelt Schutzmechanismen gegen Patienten, von denen es zu stark in Anspruch genommen wird. Bisweilen führen die Probleme, die aus dem Berufsalltag resultieren, zu ernsthaften Störungen, wie etwa Überarbeitung und Erschöpfung. Denn das ist die Kehrseite des Todes im Krankenhaus: Streß, Angst und Sich-Entziehen des Pflegepersonals, Frustration wegen geringer Anerkennung und Entlohnung und schließlich Resignation.

Will man das Pflegepersonal neu motivieren, muß ihm seine zunehmend bedeutsamere Rolle in einer immer stärker von Ärzten und Medikamenten abhängigen Welt bewußt gemacht werden. Sterbebegleitung mit nicht motiviertem, nicht ausgebildetem und schlecht bezahltem Personal ist sinnlos. Da die Berührung mit dem Tod zweifellos eine anstrengende Aufgabe ist, muß auch den elementaren Bedürfnissen des Pflegepersonals Rechnung getragen werden, sonst führt das zu einer Eskalation der Probleme, denn nicht nur für die Angehörigen birgt der Tod inmitten einer von Gleichgültigkeit oder Abwehr gekennzeichneten Atmosphäre ein Risiko.

Widerstand gegen den Tod

Das Konzept der Pflegedienste stellt die moderne Medizin vor ein erkenntnistheoretisches Problem. Die Pflegemedizin beabsichtigt den Tod an einem Ort wiedereinzubürgern, der hauptsächlich dem Leben geweiht werden sollte – am Krankenhaus. Selbst wenn die hier Tätigen es vermutlich vorziehen, ihre Bestätigung aus erfolgreichen Rehabilitationen zu ziehen, so muß doch die Frage erlaubt sein, ob nicht eine optimale Sterbebegleitung ebenfalls als Erfolg betrachtet werden kann.

Die bescheidenen Wünsche des Hippokrates sind in Vergessenheit geraten. Seiner Ansicht nach gelang es der Medizin zwar nur gelegentlich zu heilen, doch häufig konnte sie helfen und das Wohlgefühl des Patienten gewährleisten. In der modernen Apparatemedizin hat sich das eher umgekehrt – die Heilung wird an die erste Stelle gerückt, aber das Wohlbefinden des Patienten darüber oftmals vernachlässigt. Manch einer betrachtet die elementaren Handreichungen gar als servile Dienste, die gegen den hehren Anspruch abfallen.

Der Widerstand gegen die Sterbebegleitung im Krankenhaus gründet sich auf mehrere Brüche in einem bemerkenswert stark durchstrukturierten Milieu. Einerseits hat dort eine äußerst rigorose Hierarchie nicht nur zwischen den verschiedenen Dienstgraden von Ärzten und Krankenschwestern überdauert, sondern auch zwischen den medizinischen und paramedizinischen bzw. nicht-medizinischen Berufen. Darüber hinaus mögen auch die bereits erwähnten Denkunterschiede zwischen Männern und Frauen hier mit hineinspielen. Durchstrukturiert und teilweise voneinander abgeschottet sind auch die einzelnen Abteilungen des Krankenhauses, was bei dem Patienten das

Gefühl erzeugen kann, er werde in Teile aufgespalten, ehe ihm eine angemessene Behandlung zukommt.

Die Pflege der Sterbenden in den Hospizen dagegen folgt der umgekehrten Dynamik. Dort sind die üblichen Herrschaftsverhältnisse zwischen Arzt und Patient grundlegend verändert worden. Der Kranke bestimmt über seine Aufnahme – meist in vollständiger Kenntnis dessen, was auf ihn zukommt. Er ist es, der bestimmt, ob er Therapien, Sicherung relativen Wohlbefindens oder Zuwendung erhält. Das Pflegepersonal steht ihm zur Seite, um seine Wünsche zu erfüllen, und auch die Ärzte akzeptieren dort den Tod. Solche Haltung wird von anderen als ambitionslose Passivität abgewertet, wie auch die Äußerungen eines Onkologen auf dem Kongreß des europäischen Verbands der Pflegedienste im Jahr 1990 belegen: »Patienten in der Endphase gibt es nicht: Jeder Onkologe, der so denkt, ist ein deprimierter Arzt, dem ich empfehle, den Beruf zu wechseln.« (Franco Toscani, 1990). Das Gefühl von Scheitern und Kastration, das der Tod nach sich zieht, führt zu Überspitzungen, die zeigen, in welchem Maße die Sterbebegleitung die Ärzte vor ein Identitätsproblem stellt.

Ebenso konnten, seit sich das Bild des allmächtigen Arztes gewandelt hat, zahlreiche paramedizinische Berufe in den Krankenhäusern und Pflegeheimen an Bedeutung gewinnen – die »Kaste« der Ärzte öffnet sich für andere Disziplinen wie Psychologie, Soziologie, Anthropologie oder gar Theologie. Zeichnet sich mit den Pflegediensten also eine Demokratisierung des medizinischen Systems ab? Oder wird der ärztliche Machtverlust durch nichts wirklich Neues ersetzt und der Arzt zu einem einfachen Beamten reduziert wie in den ehemals kommunistischen Ländern, wo das Leiden gelegentlich noch auf vollkommene Gleichgültigkeit stößt? Oder aber geht die Entwicklung dahin, daß der Patient zum schlichten »Klienten« wird, so daß sich allein reiche Kranke eine bessere Pflege leisten können?

Wichtig ist, daß der Kranke mit seinem Leiden als Subjekt und nicht als bloßes Forschungsobjekt behandelt wird, wie es angesichts medizinischen Fortschrittglaubens nur zu oft vorgekommen ist. Viele Ärzte begegnen dem verlorenen Image der Allmacht mit einem veränderten Selbstverständnis. »Ich begreife mich eher als Techniker denn als Arzt. Meine vorrangige Aufgabe ist, so kompetent wie möglich zu sein, um ein schwieriges Problem genau erfassen zu können; alles andere kommt weit danach«, erläuterte 1989 ein Onkologe dem Ethnologen Jean-Pierre Hélary. Es wäre schade, die Rolle des Arztes auf die eines Ingenieurs zu reduzieren, wenn man um die Bedeutung seines Urteils zur Durchführung der Therapie weiß... Jedenfalls hat die Pflegemedizin derart drastische Veränderungen mit sich gebracht, daß sich manch einer fragt, ob sie tatsächlich zur medizinischen Wissenschaft gehört. So berufen sich beispielsweise bei der Verteilung eines Krankenhausetats die »klassischen« Ressortchefs darauf, daß ihre Abteilungen »Nützlicheres« leisten als die Pflegeabteilungen, die sie als reinen »Luxus« betrachten. Andere Ärzte befürchten, daß sie angesichts ihrer neuen Zuständigkeit als »Pflegologen« abqualifiziert und wegen des mit dieser Aufgabe verbundenen Hauchs von Morbidität von den Patienten gemieden werden.

Der gegenwärtige Antagonismus zwischen Hospiz und Krankenhaus ist nicht allein ein Glaubenskrieg. Er ist zugleich das Ergebnis der schwierigen Debatte um Für und Wider der Euthanasie, die selbst wiederum aus der Entwicklung einer wissenschaftlichen Medizin resultiert, die grenzenlos in das Leben eingreifen zu können glaubt, einschließlich seiner Entstehung sowie seiner Beendigung. Die Logik würde gebieten, daß spezielle Pflegeeinrichtungen nur eine Übergangslösung darstellen, daß bei entsprechender Ausbildung der Tod auch im Krankenhaus unterschiedslos in allen Abteilungen akzeptiert und integriert werden kann. Dazu aber müssen die Familien ebenso wie das Pflegepersonal die Möglichkeit haben, ihrer Trauer Ausdruck zu geben. Ohne emotionales Engagement ist die Humanisierung der Krankenhäuser nicht denkbar, doch fällt bei einer Intensivierung der zwischenmenschlichen Beziehungen von Pflegenden und Patienten die Loslösung um so schwerer. Will man verhindern, daß Pflege zur beliebigen Arbeit wird, deren einzige Besonderheit das menschliche »Arbeitsmaterial« wäre, so muß die Trauerarbeit der Pflegenden akzeptiert werden.

Schutzmechanismen

In jenen Bereichen des Krankenhaussystems, in denen eine ständige Begegnung mit dem Tod stattfindet und tagtäglich an den Grenzen des Todes gearbeitet wird, nämlich auf den Intensiv- und Geriatriestationen, entwickeln sich die ausgeprägtesten Schutzmechanismen, findet häufig eine Weigerung statt, das Erlebte zu verbalisieren.

Die Patienten auf der Intensivstation sind meist bewußtlos oder werden, wenn ihr Überleben eine komplizierte Apparatur oder schmerzhafte Behandlungstechniken erfordert, durch Medikamente in einen künstlichen Komazustand versetzt. Notfallsituationen, die rasches Reagieren erfordern, charakterisieren die Intensivstationen. Zwischenmenschliche Beziehungen bleiben sekundär, denn hier wird der Patient im wesentlichen auf einen hochgefährdeten Organismus mit gestörten physiologischen Funktionen reduziert – mit gewisser Notwendigkeit zugegebenermaßen, denn die Wiederherstellung der körperlichen Funktionen hat zunächst fraglos Vorrang. Ähnlich wie in der Chirurgie empfinden Pfleger und Schwestern hier aufgrund der zahlreichen technischen Vorrichtungen ihre Arbeit als durchaus aufgewertet. Die Vorstellung, an der Spitze einer hocheffizienten Organisation zu stehen, trägt zu dem Eindruck bei, sich in einem Kampf gegen Zeit und Tod zu befinden. Auch grundlegende Probleme werden berührt, denn ethische Fragen sind ständig bewußt. Welche Vorteile hat der Patient von dieser oder jener therapeutischen Maßnahme? Können die Nebenwirkungen dieser jetzt lebenserhaltenden Behandlung spätere Folgen haben? Kann diese oder jene Operation Grundfunktionen zerstören?

Die Kehrseite dieses permanenten Zwangs, präsent zu sein, ist eine große Müdigkeit. Doch sie rührt nicht allein von der Notwendigkeit der ständigen Aufsicht und Wachsamkeit gegenüber den geringsten Anzeichen von Verschlechterung her, sondern hat ihre Ursachen auch in den psychischen Bedingungen der Intensivdienste. Denn die Patienten – ganz gleich, ob sie sich in einem spontanen oder künstlich herbeigeführten komatösen Zustand befinden – sind nicht mehr fähig, ihre Grundfunktionen zu verrichten. Sicher übernimmt ein Apparat die Beatmung, sorgt die künstliche Ernährung für das Nötigste, werden die Ausscheidungen gewährleistet und Atem-, Herz- und Hirnfrequenzen kontrolliert; doch wer überwacht die Sonden, die Drainagen, wer achtet auf Schmerzreaktion und Krämpfe, wer vor allem lauert auf ein Anzeichen des Aufwachens?

Um dies zu bewältigen, muß der Pfleger sich zuweilen in die Lage des Patienten versetzen, sich vorzustellen versuchen, was ihn stören oder was eventuelle Folgen haben könnte. Dieses dauernde Sich-einfühlen-Müssen ist das, was am meisten an den Kräften zehrt, zumal vom Patienten nie eine Reaktion kommt, ob man das Richtige getan hat, und gerade dieses Ausbleiben jeder Antwort erzeugt eine ungeheure Frustration. Besonders bei Pflegern, die ihre Motivation aus dem Feedback des Kranken ziehen, kann der Eindruck, ohne Widerhall ins Leere hinein zu arbeiten, zu einem mit einem Gefühl der Entmenschlichung verbundenen Rückzug führen. Ist ein Patient jedoch bei Bewußtsein, aber am Sprechen gehindert, so inspiriert der stumme Blick oft die Phantasie und ist vielsagender als Worte. Häufig wird dadurch eine große Faszination beim Pflegenden ausgelöst, der dann die Geschichte des Kranken zu rekonstruieren und sich dessen Bedürfnisse und Wünsche auszumalen versucht. Das alles ist nicht ungefährlich für die Psyche des Pflegers, vor allem dann nicht, wenn Ähnlichkeiten zwischen dem Patienten und einem Verwandten oder Freund festgestellt werden. In diesem Fall nämlich können sich intensive Schuldgefühle herausbilden, wenn der Kranke stirbt oder nie wieder das Bewußtsein erlangt. Das Pflegepersonal schwankt also häufig zwischen überzogenem Schuldgefühl und Identifikationsverweigerung, die aus der

Angst heraus erfolgt, bei einem Verlust zu stark leiden zu müssen.

Eine zusätzliche Belastung bringen die oft extremen Verhaltensweisen der Familienangehörigen mit sich, die sich entweder hinsichtlich der Pflege rivalisierend gebärden oder sich beiseite gedrängt fühlen. Die Pfleger jedenfalls werden Opfer aller möglichen Projektionen, und die fehlende Kommunikation kann große Ängste begünstigen. Die ständigen Neuzugänge und der häufige Wechsel lassen zudem selten Zeit zum Nachdenken. Über kurz oder lang ermüden die Pfleger, werden gleichgültig, zeigen gar emotionale Betäubung, Aggressivität oder chronische Depression. Aus diesem Grund ist der Personalwechsel auf den Intensivstationen groß. Die Technik kann man sich schnell aneignen, die verschiedenen Handhabungen auch – die persönlichen Gefühle sind es aber, die die Menschen schneller als die Maschinen verschleißen.

Auf geriatrischen Stationen stellt sich die Situation anders dar. Hier läuft die Zeit eher langsam ab, die Patienten sind keine Notfälle, und ihre Betreuung erfordert keine Kenntnis hochmoderner Apparaturen. Da weniger mit beruflicher Aufwertung verbundene Leistung erbracht werden muß, ist das Interesse eher mäßig. Ferner spielt hier ein Kommunikationsproblem besonderer Art eine Rolle: Einer Generation, die noch den Ersten Weltkrieg erlebt hat, fällt es schwer, ihre Bedürfnisse jungen Menschen zu vermitteln, die im Zeitalter der Videoclips aufgewachsen sind. Gleichwohl sind erstere von letzteren vollkommen abhängig, werden von ihnen gefüttert oder zur Toilette begleitet. Diese bescheidenen Dinge sind für die Selbstachtung des Patienten grundlegend. Sind sie nicht mehr zu bewältigen, zieht sich der Patient möglicherweise ganz auf sich selbst zurück und setzt jedem weiteren Kommunikationsangebot Trägheit oder Autismus entgegen. Das Unverständnis für die Reaktionen der Patienten kann zu therapeutischen Irrtümern oder zum allmählichen Sterben der Vereinsamten führen.

In der Geriatrie ist der Tod ständig präsent und wird von den Greisen ausdrücklich erwähnt. Häufig handelt es sich um Witwen und Witwer, die nicht nur lange getrauert haben, sondern manchmal zusätzlich ihren sozialen Status, ihren Platz innerhalb der Verwandtschaft, ihr Lebensmilieu verloren haben. Manchmal können durchaus Todeswünsche geäußert werden, die dann aufgearbeitet werden müssen. Insgesamt ist der Wunsch nach aktiver Sterbehilfe durch die neuen Methoden der Sterbebegleitung erheblich zurückgegangen. Eine Untersuchung in Frankreich hat gezeigt, daß bei unkontrollierbaren Schmerzen in fünfzig Prozent und bei langandauernder Agonie in achtunddreißig Prozent der Fälle sogenannte lytische Cocktails verabreicht wurden, eine Mischung von Sedativa, die meist einen allmählichen Tod herbeiführen.[11] Gleichwohl bitten nur sechs Prozent der Patienten um die »Euthanasie«, während die Familien sie in neun Prozent der Fälle wünschen, und die Pfleger sie sogar in sechzehn Prozent der Fälle für angemessen halten, was auf das Überfordertsein angesichts des ständigen Leidens hinweist.

Auch die Betreuer brauchen bisweilen psychologische Hilfe. Bei solchen Treffen können Phantasien verbalisiert werden, die die Pfleger anläßlich eines Traums, einer Fehlleistung oder eines unglücklichen Wortes überfallen haben.[10] Einige haben Schwierigkeiten, sich mit dem Patienten zu identifizieren, was zur Herstellung einer Beziehung notwendig ist. Sie fühlen sich fremd und sind unfähig, ein neues Kommunikationssystem aufzubauen, wenn der Patient nicht mehr spricht. Am Ende eines solchen Prozesses stehen eiskalte Verhaltensweisen: Schwestern und Pfleger halten sich vom Bett fern, berühren einen Patienten nur noch widerwillig; Ärzte beschränken die Visite einzig auf das Ablesen der Fieberkurve oder auf die notwendigsten Auskünfte.

Eine andere Handlungsweise besteht im Bemuttern des Kranken, der dabei auf den Status eines unmündigen Kindes reduziert wird. Oder man weicht besorgten Fragen aus und vertröstet die Patienten auf einen späteren Zeitpunkt, worüber diese sich häufig beschweren, weil sie nicht verstehen, weshalb ihre Fragen nie sofort beantwortet werden. Die Erklärung hierfür ist jedoch einfach. Das bißchen Macht, das bei diesem Ausweichen gewonnen wird, ist gelegentlich das einzige, was die Ungleichheit von Pflegendem und Gepflegtem bezeugt. Warum dann diesen Unterschied nicht ausdehnen, wo die permanente Konfrontation mit einem Sterbenden die Frage zur Folge hat: »Und ich, bin ich ihm eigentlich ähnlich?« Dem Nachfragen der Patienten zu der ihnen verbleibenden Lebensdauer entziehen sich die Pfleger häufig, indem sie auf eine übergeordnete Autorität verweisen oder ihre Antwort durch Verwendung von Fachausdrücken oder Statistiken rationalisieren. Schließlich endet das bei so belanglosen Floskeln wie: »Jeder stirbt irgendwann! Auch ich werde sterben!« Es ist eine Form falscher Rückversicherung, deren beruhigende Wirkung nur vorübergehend ist. Sicherlich verlangen die Familien sehr komplexe Auskünfte: »Wie wird der Tod sein? Wird er leiden? Wird die Agonie lange dauern? Was soll ich dann tun?« Im Grunde setzen sie dabei sowohl technisches als auch philosophisches Wissen über den Tod voraus, womit die Pfleger natürlich überfordert sind. Zudem provoziert diese Erwartungshaltung allein schon eine persönliche Infragestellung und ist in der steten Wiederholung ermüdend.

Das gemeinsame Erleben intensiver Momente mit den Familien erfährt nach dem Tod des Patienten häufig einen Bruch durch das plötzliche Abreißen der Beziehung. Es fehlt nicht an Berichten von einem Gefühl so großer Nähe des Pflegepersonals, das sich darin äußert, daß Krankenschwestern wie selbstverständlich an der Zeremonie bei der Abholung des Toten teilnehmen. In einem solchen Fall ist eine spätere Ablehnung unbegreiflich.

Eine Kinderkrankenschwester fragte sich, weshalb eine junge Frau, deren Sohn nach langem Aufenthalt auf ihrer Station gestorben war, jedes Jahr zum Muttertag eine Glückwunschkarte schickte, die sich an alle Schwestern richtete. Sie und ihre Kolleginnen deuteten dies als gewisse Feindseligkeit seitens der Mutter, die sie anläßlich des Feiertages an die entsetzliche Möglichkeit erinnern wollte, auch sie könnten ihr Kind verlieren. Dabei wollte diese Frau in Wirklichkeit ihre Verbundenheit zum Ausdruck bringen: Die Schwestern hatten bei der Betreuung mit ihr die Mutterrolle geteilt, und das vergaß sie nicht.

Das Erschöpfungssyndrom und seine Vermeidung

Die Angst vor dem Tod ist ansteckend. Aus diesem Grund versuchen all jene, denen ständig Patienten wegsterben, sich vor ihr zu schützen. Sie müssen zwischen der Identifikation mit dem Leidenden, die für ihre psychische Gesundheit abträglich ist, und der Verweigerung der Identifikation, die sich nicht mit ihrem Berufsethos vereinbaren läßt, einen gangbaren Mittelweg finden. Experten haben bei Pflegern und Krankenschwestern ein häufig vorkommendes berufliches Erschöpfungssyndrom ausgemacht, »Burnout-Syndrom« genannt – sie sind ausgebrannt. Auch in anderen sozialen Berufen kennt man dieses Syndrom – so bezeichnen viele Lehrer ihre Tätigkeit als ständigen Kampf und zahlen einen hohen Preis für ihr Engagement. Überhaupt ist das berufliche Erschöpfungssyndrom ein Kennzeichen unserer Epoche, denn hohe Leistungsanforderungen löschen oftmals die anfängliche Begeisterung aus und untergraben überbeanspruchte Kompetenzen. Es fehlt an echter Selbstverwirklichung, weil das Gefühl erzeugt wird, die eigenen Fähigkeiten würden zu wenig gewürdigt. Der anfangs Hochmotivierte leidet zunehmend am Verlust seiner Persönlichkeit.

Die Beschreibung des Syndroms geht von vier Phasen aus: Idealisierung der Arbeit, Stagnation, Desillusionierung und schließlich Demoralisierung. Das Mißverhältnis zwischen zugewiesener Aufgabe und zur Verfügung stehenden Mitteln ruft häufig vage Zweifel an den eigenen Fähigkeiten hervor. Ist man tatsächlich für diesen Beruf geeinget? Wie machen es die anderen? Aus solchen Anfechtungen können persönliche wie zwischenmenschliche Konflikte erwachsen. Man begegnet diesem Syndrom vorzugsweise in Krankenhausabteilungen mit hoher Sterblichkeitsrate oder hohem Streßniveau. Es ist ein Wesensmerkmal des Menschen, um die eigene Sterblichkeit zu wissen und doch so zu tun, als handle es sich um etwas sehr Fernes. Die tägliche Konfrontation mit dem Tod nun führt häufig zur Abnutzung des Widerstands und zur Unfähigkeit, den Tod weiterhin zu verdrängen. Wie außerdem sollen Traurigkeit und Kummer der Patienten und ihrer Familien abgewehrt, wie soll der furchtbare Anblick der Sterbenden gemieden werden, ganz zu schweigen von den Geräuschen und Gerüchen? All diese täglichen Erfahrungen erzeugen Streß, der sich, ehe die Bewußtseinsebene erreicht wird, in den Träumen ein Ventil sucht. Die bald eintretende Demoralisierung ist unübersehbar, denn wenn die Energie, mit der jeder normalerweise den Tag beginnt, sich in Apathie verwandelt und Trägheit die Entscheidungsfreudigkeit ablöst, dann hat sich das Interesse für die Arbeit schon erheblich verschlissen. Auch die Fähigkeit, mit den Kollegen zusammenzuarbeiten, verschlechtert sich; statt Vertrauen kommt Mißtrauen auf, statt des ursprünglichen Elans Desillusionierung und Enttäuschung. Das Warten auf das Ende des Arbeitstages verzehrt die verbleibende Energie, und die Unfähigkeit, die beruflichen Sorgen selbst nach Verlassen der Arbeitsstätte zu vergessen, ist ein Indiz dafür, daß der Betroffene psychisch vollkommen von ihnen eingenommen ist. Die Opfer des »Burnout-Syndroms« weisen als typische Persönlichkeitsmerkmale einen ausgeprägten Narzißmus und eine Idealisierung der Arbeit auf, die mit der Sorge um Perfektion einhergeht. Die hohen Zielsetzungen sind verantwortlich für die Schwierigkeiten, flexibel zu reagieren. Gerade aus den Anfängen der Hospizbewegung kennt man diese Entwicklung: Viele gingen mit missionarischem Eifer an ihre Arbeit, doch stieß ihre Absicht, sich selbstlos der Pflege zu widmen, an Grenzen: die Sterblichkeit der von ihnen zu betreuenden Patienten. Und die Unfähigkeit, die Gründe, weshalb sie vor bestimmten Verantwortlichkeiten im Umgang mit dem Tod flohen, einzugestehen oder in Frage zu stellen, hatte meist eine starke Gekränktheit zur Folge.

Daneben gibt es natürlich weniger spektakuläre Gründe für die Schwierigkeiten in Pflegeberufen. Wo so viele Beteiligte zusammenwirken müssen, wobei jeder auf seinen eigenen Bereich schielt und dabei das gemeinsame Ziel aus den Augen verliert, kommt es leicht zu Kommunikationsschwierigkeiten und Zerwürfnissen. Während das Pflegepersonal sämtliche Informationen über Befinden, Verrichtungen und Verhalten des Patienten an die Ärzte weiterleitet, halten diese es oft nicht für nötig, dem Pflegepersonal die therapeutischen Entscheidungen, die sich aus diesen Informationen ergeben, mitzuteilen – daraus resultieren Frust und Desinteresse. Für die Motivation eines Teams ist das Teilen eines gemeinsamen Wissens unerläßlich – sowohl vertikal, zwischen den verschiedenen Ärzten, als auch horizontal, zwischen den Tages- und Nachtschichten. Die Interdependenz eines Teams in eine Interaktion zu verwandeln, ist das vordringliche Ziel an Orten, an denen unterschiedliche, sich jedoch ergänzende Berufssparten tätig sind.

Intensiv- und Geriatriestationen prädisponieren, wie wir gesehen haben, ebenso zum Erschöpfungssyndrom wie spezielle Pflegeeinrichtungen. Was überhaupt läßt sich zur Vermeidung tun? Als erstes müssen, um jegliche Mißverständnisse zu vermeiden, die Ziele der Station bestimmt werden, besonders wenn es sich um Sterbebegleitung handelt. In diesem Fall wird eine »Philosophie« entwickelt und die Geschichte der Station aufgearbeitet, wobei die »großen Chefs« ebenso einbezogen werden wie die Oberschwestern oder bekannte Patienten und Erfolge ebenso festgehalten werden wie Mißerfolge. Die Aufgaben und Verantwortlichkeiten jedes einzelnen müssen zwar eindeutig festgelegt, doch den Persönlichkeiten und Umständen entsprechend auch revidierbar sein. Beispielsweise kommt es häufig vor, daß eine Schwester die Station nach einer besonders schmerzlichen Sterbebegleitung wechseln möchte. Statt sie der Isolation – oder der Verdrängung – zu überlassen, wird gemeinsam versucht, ihr die Trauer um den verlorenen Patienten zu erleichtern, ehe der mit der Erinnerung verbundene Raum durch einen neuen Patienten besetzt wird.

Unerläßlich ist auch eine wechselseitige Anerkennung der Rollen: Jeder hat eine sinnvolle und einzigartige Ausbildung zur

Betreuung des Patienten vorzuweisen. Doch hier gilt ebenfalls, daß Spielraum für einen Rollenwechsel besteht. Der Pfleger, der einen anderen Arbeitsbereich wünscht oder seine Arbeit nicht mehr mit der notwendigen inneren Zufriedenheit ausübt, muß die Abteilung und sogar den Beruf wechseln können. Wenn er seine bewußten und unbewußten Entscheidungsgründe analysiert hat, kann er ohne Skrupel gehen, denn er hat für eine neue berufliche Orientierung die Weichen richtig gestellt, indem er zuvor Bewältigungsarbeit geleistet hat.

Kommunikation ist einer der Schlüsselfaktoren für eine gelungene Selbstverwirklichung in einem besonders belastenden Arbeitsbereich. Die Identifikation mit Kollegen findet bei kleinen »Koordinierungsgesprächen« statt, wenn das eine Team dem nächsten die notwendigen Informationen weitergibt. Die Identifikation mit allen übrigen Mitwirkenden ist Gegenstand größerer Zusammenkünfte, bei denen das Verständnis für die Ziele, die Aufteilung von Verantwortlichkeiten und die moralische Autorität zur Diskussion stehen. Dadurch wird nicht nur die Kontinuität der Pflege gewährleistet, sondern der einzelne kann durch solchen Austausch stärker motiviert werden, vor allem dann, wenn sich in schwierigen Situationen eine depressive Stimmung breitmacht.

Schließlich bietet sich das Gespräch mit einem Außenstehenden an, um die Widrigkeiten einer kleinen, kollektiv dem Streß ausgesetzten Gemeinschaft auszuschalten. Jede Ghettoisierung erzeugt permanenten Widerstand gegen die Infragestellung, führt zu einem Entgleiten der Beziehungen, das heißt zu Selbstidealisierung oder Selbstzerstörung. Die Gruppe neigt allerdings dazu, jeden Außenstehenden sofort abzuweisen: »Er kennt weder die Patienten noch unsere Arbeit, er ist nicht dabei, er hat keine Ahnung...« Doch gerade die relative Unkenntnis eines Supervisors oder Gruppenanalytikers ermöglicht eine Aufarbeitung der Probleme. Jeder erzählt auf eigene Weise die Geschichte eines Patienten oder seine Beziehungsprobleme. Vor allem, und das ist keine geringe Hürde, bedeutet Supervision, daß in Anwesenheit von Zeugen gesprochen wird. Auf den

Stationen mit hoher Sterblichkeitsrate sind es nämlich nicht unbedingt nur die Sterbefälle, die als unerträglich empfunden werden, sondern gerade auch die Reibereien untereinander. Angesichts des Todes treten die inneren Spannungen, die bei jedem kleinen Arbeitsteam üblich sind, intensiver hervor. Jeder sieht nur sich selbst und seine eigenen Probleme, und nur wenn alle den gleichen Blickwinkel einnehmen, kann auch die notwendige Distanz zum Kranken hergestellt werden.

Parkes (1986) spricht von der »richtigen Distanz«, wenn die Patienten einerseits nicht zu stark bemitleidet werden, andererseits das Unkontrollierbare besser zu ertragen ist. Seiner Ansicht nach können Pfleger einen Tod nie als »normal« betrachten. Der Patient ist immer zu früh gestorben oder zu jung gewesen: »Er hat zu stark gelitten, er ähnelte zu sehr meiner Mutter, meinem Bruder... er ähnelte mir.« Die richtige Distanz bewahren heißt, dem Patienten nicht zu fern stehen, damit dieser sich nicht entfremdet fühlt, und zugleich ihm nicht zu nahe sein, um nicht aufdringlich zu wirken und sich nicht dem Kranken vollständig gleichzusetzen. Die richtige Distanz variiert je nach Patient, je nach Pfleger. Den Tod des Patienten hinzunehmen, gewährleistet letztlich dem Pfleger ein besseres »Erleben« , weil ihm ein weniger beängstigendes Bild geboten wird. Aus diesem Grund hängt das Erschöpfungssyndrom eng mit der Trauer des Patienten und der Trauerfähigkeit seiner Familie sowie mit der Verarbeitung des Gedankens an den eigenen Tod zusammen.

Trauerriten

Einige Pflegedienste haben regelrechte Rituale der Trauerbewältigung eingeführt wie jene Einrichtung in der Schweiz, die alljährlich der gestorbenen Patienten gedenkt, damit sich die Schwestern, die beim Tod eines Langzeitpatienten abwesend waren, vom Gefühl eines Bruchs zwischen der erbrachten Zuwendung und dem Verlust des Patienten befreien können. Die

»Gedenkfeier« sieht folgendermaßen aus: In der Cafeteria wird die Liste der gestorbenen Patienten laut verlesen, danach folgen Gedichte oder Musikstücke, und zum Zeichen der Hoffnung und der Erneuerung wird eine Kerze angezündet. Anschließend sitzt man bei Kaffee und Kuchen zusammen – dieses gemeinsame Essen und Reden entspricht einem der wichtigsten Begräbnismerkmale. An dieser Gedenkfeier nehmen sogar Menschen teil, die nur am Rande mit dem Krankenhausleben zu tun haben: Ambulanzfahrer, Angestellte des benachbarten Friseursalons, Sekretärinnen, die Termine festlegen und manchmal nur Telefonkontakte mit den Patienten hatten. Bei dieser kleinen Feierlichkeit ohne den geringsten religiösen Bezug werden Erinnerungen ausgetauscht, und jeder vervollständigt seine Informationen, was zum besseren Verständnis der Situation des Patienten und seiner Familie beiträgt. Wichtig sind solche Zusammenkünfte für den Sozialarbeiter, der weiterhin Kontakt zu den Angehörigen eines Verstorbenen hat und diese bisweilen einlädt, sich mit dem Pflegepersonal zu treffen. Solche Begegnungen sind entschieden dem Leben zugewandt. Die Kontinuität der therapeutischen oder pflegerischen Tätigkeit ist damit in den allgemeinen Lebenszyklus einbezogen.

Ein besseres Wissen um die Trauer

Würde der Tod leichter akzeptiert, ließen sich viele mit dem Tod verbundene ethische Probleme leichter lösen. Selbst die Euthanasie berührt im weitesten Sinn die Trauer. Und wer sich einer Herztransplantation unterzieht, wird akzeptieren müssen, daß in seiner Brust das Herz eines Unfallopfers schlägt, während die Angehörigen des Spenders sich trotz ihres Schmerzes dazu durchgerungen haben, der Organentnahme zuzustimmen. Jeder Unfalltod schränkt die Möglichkeiten ein, sich auf Tod und Trauer vorzubereiten, und die anfängliche Phase der Todesverdrängung kann hier nicht ausgelebt werden, denn es findet eine Überrumpelung durch die Todeswirklichkeit statt. Dies kann dazu führen, daß die Abwehr besonders pathogene Formen annimmt. Würde man in unserer Gesellschaft vertrauter mit dem Tod umgehen, könnten solche Krisensituationen besser gemeistert werden. Die Praxis der Sterbebegleitung hat ebenso wie das Problem der Organübertragungen, bei denen das Überleben vom Tod eines anderen abhängt, neue Denkansätze hervorgebracht, die langfristig ein generelles Umdenken bewirken können.

Auch die partielle Abkehr von der Apparatemedizin, die Bejahung eines natürlichen Sterbens, erfordert neue Einstellungen, denn hier muß nicht nur den physischen und psychischen Leiden des Sterbenden Rechnung getragen werden, sondern die Probleme all jener, die ihn in dieser letzten Phase begleiten, müssen ebenfalls integriert werden. In dieser Hinsicht hat die Konfrontation mit Aids innerhalb von zehn Jahren zu rasanten Umwälzungen geführt, was das Beziehungsgeflecht zwischen Ärzten, Patienten und Gesellschaft angeht. Darin liegt, angesichts der immensen Gefahr für die Weltbevölkerung, der einzig positive Aspekt, den man bei dieser Krankheit ausmachen kann. Das Leben mit der tödlichen Diagnose, Einschränkungen in der Lebensweise, experimentelle Behandlungsmethoden, Pflege und Begleitung junger Sterbender – das alles erfordert ein großes

Maß an Anpassung. Die Aids-Krankheit, mit der wir vermutlich ins dritte Jahrtausend einziehen werden, stellt zumindest in der westlichen Welt die kollektive Verdrängung des Todes in Frage.

Aids – von der individuellen
zur kollektiven Trauer

Die psychologische Wirkung von Aids liegt, abgesehen von der
Herausforderung für die Medizin, offensichtlich in der weltum-
fassenden Dimension, die an die letzten großen Epidemien
erinnert. Experten prognostizieren für die nächsten Jahre ein
wahres Massensterben in den Entwicklungsländern, wenn keine
der im Westen üblichen Eindämmungsmaßnahmen ergriffen
wird. Der angekündigte Tod von Tausenden, wenn nicht Millionen von Menschen, ist plötzlich in unser Leben eingezogen.
Doch auch weniger spektakuläre Veränderungen sind durch
Aids initiiert worden.

Die Sexualität, die sich weitgehend aus der kirchlichen Vormundschaft befreit und ein großes Maß an Freizügigkeit erreicht
hatte, wurde plötzlich mit dem Stigma des Todes behaftet.
Schlimmer noch: Kranke, die lebensnotwendige Bluttransfusio-
nen erhalten hatten, sowie Bluter wurden infiziert, Kinder
kamen mit dem tödlichen Virus zur Welt. Die Medizin mußte
sich den Vorwurf gefallen lassen, selbst Leiden und Trauer
gebracht zu haben. Dennoch hatte im Rahmen der Aufklärung
über diese außergewöhnliche Krankheit jeder die Möglichkeit,
sich nicht nur ein Bild über die unmittelbaren Auswirkungen des
Virus, sondern auch über den Wissensstand der Medizin und die
damit verbundenen Zweifel und Kontroversen zu machen.

Aids konfrontiert uns mit zwei Arten der Trauer: Da ist zum einen der Betroffene, wenn er erfährt, daß er HIV-positiv ist. Er weiß, daß er seine sexuellen Gewohnheiten ändern muß, und er fürchtet um den Verlust seines Arbeitsplatzes, seiner Selbständigkeit und schließlich seines Lebens. Die andere Form der Trauer spielt sich in der kollektiven Phantasie ab: Von nun an wird Sexualität generell von Zweifeln begleitet. Das plötzliche Auftreten dieser Krankheit wird als Regression der menschlichen Geschichte empfunden, und die Patienten wundern sich häufig über die Unfähigkeit der Ärzte, sie zu heilen oder ihnen mindestens die gleiche potentielle Lebenserwartung zu garantieren wie allen anderen. Sie sind also unfähig, sich kurz- oder mittelfristig ihren Tod vorzustellen, der unausweichlich ist.

Die ursprüngliche Beschränkung auf sogenannten Risikogruppen wie Homosexuelle und Drogenabhängige hat zunächst die klassischen Reaktionen wie auch bei früheren Epidemien ausgelöst: Isolierung, Anschuldigung, Aggressivität. Im Gegenzug hat die Ansteckungsgefahr innerhalb der erstbetroffenen Gruppe, den Homosexuellen, ein Gefühl der Solidarität offengelegt und deren Einstellung zur Medizin verändert. »Wir wollen nicht sterben, keine Worte mehr, Taten!« Solche Forderungen werden häufig auf Kongressen laut, und die Aktivisten aus der Bewegung zur Bekämpfung von Aids sind überzeugt von den Möglichkeiten der Medizin, das Übel bekämpfen zu können. Sie wenden sich an Institutionen des Gesundheitswesens, als würden diese, aus einer geheimnisvollen Abwartehaltung heraus, ihnen die Chance der Heilung verwehren.

Sicherlich ist die Vergabe von Forschungsaufträgen auch von der Zuteilung finanzieller Mittel abhängig, und sicherlich existieren noch grundlegende Probleme bei der Erforschung wirksamer Medikamente, doch noch nie ist ein Virus so schnell – innerhalb von drei Jahren nämlich – identifiziert, etikettiert und in seinen Übertragungsmechanismen isoliert worden. Nie zuvor wurden so viele verschiedene Therapieansätze ausprobiert. Allerdings gab es auch erstmals eine einflußreiche Lobby, die über die Vereinigungen homosexueller Ärzte die Ärzteschaft infiltrierte. Dieses Phänomen ist vollkommen neu: Hat man je eine Gruppe krebskranker Ärzte demonstrieren sehen, um die Krebsforschung voranzutreiben?

Um eine zusätzliche Diskriminierung zu verhindern und an den Eindämmungsstrategien der Epidemie mitwirken zu können, setzte die Risikogruppe der Homosexuellen ihre Anwesenheit bei wissenschaftlichen Kolloquien durch. Die unmittelbare Beteiligung Betroffener an den nicht nur medizinischen, sondern auch politischen und ökonomischen Debatten ist eine neue Zielsetzung, die die sozialen und gesundheitlichen Gewohnheiten von Grund auf erschütterte. Die Organisationen der Homosexuellen jedoch hatten ein Vorbild. 1974 war es in den Vereinigten Staaten gelungen, die »American Psychiatric Association« dazu zu bewegen, die Homosexualität aus der Liste der Geistesstörungen zu entfernen.[1] Die spezifische Betroffenheit einer Gemeinschaft, die sich sofort organisierte und mobilisierte, hat den Status des Kranken verändert. Ihre Mitwirkung an der Ausarbeitung von Therapien, die Gründung zahlreicher Unterstützungs- und Beratungseinrichtungen haben eine zwar noch begrenzte, doch insgesamt wirksame ethische Kontrolle ermöglicht und zum langsamen Abbau der anfänglichen Intoleranz beigetragen. Speziell die Medizin hat erstmals Betroffenen ein technisches und vor allem moralisches Mitspracherecht zugestanden, und die Befürworter des Hospizgdankens, die für das Entscheidungsrecht des Kranken eintreten, haben damit eine unmittelbare Umsetzung ihrer Vorstellungen erfahren. Angesichts der Tatsache, daß es sich bei dieser neuen Gruppe Sterbender um junge Leute mit meist gutem soziokulturellen Hintergrund handelte, mußten für die Pflege, ob zu Hause oder im Krankenhaus, neue Konzepte erarbeitet werden, um nicht auf Ablehnung zu stoßen. Auch die verbreitete, wenn auch weitgehend unbegründete Angst vor Ansteckung mußte überwunden werden, doch trotz aller Aufklärung wird immer noch HIV-positiven Kindern der Schulbesuch verwehrt und werden seitens des Pflegepersonals überflüssige Schutzmaßnahmen getroffen, obwohl eine Übertragungsgefahr nur bei Blut- und Sexualkontakt möglich ist.

In einem sterilen Zimmer inmitten von Pflegern zu sterben, die keine Menschlichkeit oder kein Mitgefühl zeigen, macht die Einsamkeit in den Todesstunden noch schlimmer. Glücklicherweise wurde seit der Entdeckung des Virus die Berührungsangst durch wachsendes Interesse und intensives Nachdenken über die Funktion des Pflegers abgelöst, und die gesellschaftliche Integration der Kranken und Infizierten hat sich deutlich gebessert. Die Trauer um sich selbst – wir sahen es bereits bei anderen tödlichen Krankheiten – bedingt zunächst eine notwendige Abwehrphase, bevor die Diagnose allmählich integriert werden kann. Allerdings wird dieser Prozeß durch die Resonanz erschwert, die Aids in den Medien erfährt, denn die ungeschminkte Darstellung des Krankheitsverlaufs, die spektakulären Bilder konfrontieren den Erkrankten so unbarmherzig mit seinem angekündigten Tod, daß psychische Störungen auftreten können.

Mit der Ausdehnung des Ansteckungsrisikos auf die heterosexuelle Bevölkerung ist eine neue Phase in der Auseinandersetzung mit Aids eingetreten: Nunmehr fühlen sich alle sexuell aktiven oder potentiell aktiven Menschen betroffen – hinzu kommen jene, die eine Infizierung durch Transfusionen oder Blutpräparate fürchten müssen.

Das Infragestellen der sexuellen Freiheiten ist eine heikle Trauer, bei der es sich zudem um ein Umdenken handelt, nämlich darum, jeden Geschlechtsverkehr gedanklich mit potentiellem Tod zu verbinden – vergleichbar der Angst vor Syphilis, die in früheren Jahrhunderten Männer wie Frauen erdrückte. Allerdings verhinderten damals viele andere bedrohliche Krankheiten zumeist, daß die Infizierten die relativ spät eintretende Endphase der Syphilis erlebten.[2] Seit Aids nun ist die Sexualität erneut mit Angst beladen: Die mit einem anderen geteilte Intimsphäre wurde durchlässig für eine kollektiv drohende Gefahr, und die Medizin konnte in das Privatleben jedes einzelnen eingreifen. Die Homosexuellen zogen als erste die Konsequenzen, indem sie die Zahl ihrer Partner erheblich reduzierten und besonders risikoreiche sexuelle Praktiken mieden.

Anfänglich zumindest – doch mit der Zeit wurden die Vorsichtsmaßnahmen lascher gehandhabt und selbst Präservative nicht ständig, sondern nur gelegentlich oder nur beim ersten Geschlechtsverkehr mit einem neuen Partner benutzt. Die gleiche Sorglosigkeit findet man auch bei Heterosexuellen. Jean-Paul Moatti und seine Mitarbeiter beim INSERM (Nationales Institut für Gesundheit und medizinische Forschung) haben herausgefunden, daß Präservative zwar eher als Schutz-, denn als Verhütungsmittel verstanden werden, doch nicht einmal zwölf Prozent der sexuell aktiven Bevölkerung aus der Region Ile-de-France gaben 1987 an, im Laufe der letzten sechs Monate Präservative verwendet zu haben. 1988 erklärten immerhin siebenundvierzig Prozent der Befragten mit wechselnden Partnern, Präservative zu benutzen, wenngleich nur etwas mehr als zehn Prozent sie regelmäßig verwendeten... Solche Erhebungen belegen zwar, daß man Sexualität nicht für allgemein unbedenklich hält, doch besteht weiterhin eine Ambivalenz gegenüber Präservativen, die als lustmindernd betrachtet werden.

Das Nachtrauern um die verlorene Freizügigkeit mag als Erklärung für das zögernde Akzeptieren der Präservative dienen. Zu Zeiten Freuds beispielsweise galt der Coitus interruptus als größter Neurosenverursacher; heute werden – trotz gewisser Fortschritte – eben Präservative als Frustrationsmittel beim Geschlechtsverkehr angesehen.

Veränderte Todesvorstellungen

»Wenn schon die Wahl, ob Aids oder etwas anderes, dann ziehe ich einen anständigen Krebs vor.« »Mit meiner Leukämie habe ich immerhin größere Heilungschancen als mit Aids.« Es scheint so, als hätte sich die Angst vor dem Tod verschoben, denn für

»normale« Schwerkranke gibt es jetzt etwas Schlimmeres, weil Unausweichlicheres: Aids.

In der Hierarchie der Krankheiten geht die Gefahr der übrigen oft tödlichen Leiden um einen Grad zurück, wenn eine bis dahin unbekannte Heimsuchung kommt, mit der sich nun das Damoklesschwert-Syndrom verbindet. Aids ist zum Reizwort für jene geworden, die den Tod um jeden Preis verdrängen wollen, und aufgrund der Assoziation mit Blut und Geschlecht ist das Virus emotional derart stark besetzt, daß andere Krankheiten im Vergleich dazu eher harmlos wirken. Krebs und Aids rufen dennoch teilweise ähnliche Bilder in der Phantasie hervor. Bisweilen existiert die Angst vor einer kollektiven Erkrankung auch bei Krebs, wenn nämlich hartnäckig nach Anzeichen einer erblichen Disposition geforscht wird. Ebenso gibt es bei Brust-, Gebärmutter- und Prostatakrebs eine sexuelle Symbolik, und die Angst der Aids-Infizierten vor einem unausweichlichen Tod steht jener der Krebskranken sehr nahe. Beide verbindet zudem das allmähliche leichenhafte Aussehen und die extreme Abmagerung – Bilder eines uns psychisch unerträglichen Todes.

Durch die Beschäftigung mit Aids wurden die Ärzte gezwungen, darüber nachzudenken, wie sie die Diagnose eröffnen sollen. Hatte man es am Anfang mit Patienten zu tun, die – aufgrund ihrer Zugehörigkeit zu einer Risikogruppe – damit rechneten, HIV-positiv zu sein[3], so sind nunmehr auch Menschen betroffen, deren Gewohnheiten nicht mehr als risikoreich bewertet werden können und für die, trotz aller aufklärerischen Bemühungen, die Diagnose eine heftige Schockreaktion auslöst.

Die ersten Opfer waren die Hämophilen, die nun neben den Belastungen ihrer erblichen Blutgerinnungsstörung einer weiteren Prüfung ausgesetzt sind. Welche Trauerarbeit kann stattfinden, wenn junge Bluter, die ihre Krankheit mehr oder weniger im Griff hatten, sich plötzlich mit einer tödlichen Prognose konfrontiert sehen? Sind die Vorstellungen über den Tod bei denjenigen, die ihm doppelt ausgesetzt sind, nicht überbesetzt?

Die Erforschung der Ansteckungsursachen wird bei allen Betroffenen von der Entdeckung begleitet, wie komplex diese Krankheit ist. Das Überangebot an mehr oder weniger wissenschaftlichen Informationen hat das subjektive Erleben der Krankheit nicht leichter gemacht, und viele Patienten haben Mühe, sich dieses Virus exogener Herkunft vorzustellen. Der durch Eindringen des Virus ausgelöste Zusammenbruch der inneren Abwehrkräfte bedeutet, daß alle Bakterien, die üblicherweise abgestoßen werden, in den Organismus eindringen können, der nunmehr ein willkommener Wirt ist und von diesen Viren getötet wird – exogene und endogene Ursachen sind hier aufs engste verschränkt.

Liegt der Grund für den Aids-Schock in diesen Vorstellungsschwierigkeiten oder darin, daß zwischen Ansteckung und Ausbruch der Krankheit ein relativ langer Zeitraum vergeht, weshalb man auch von einem »Waiting-Syndrom« spricht? Während die Patienten mit den ersten Krankheitssymptomen objektiv erfaßt werden können, lauern die HIV-Positiven auf die typischen Anzeichen. Ihr weder vollkommen gesunder noch regelrecht kranker Zustand läßt sie in einer quälenden Angst verharren, für die es in der kollektiven Phantasie keine Entsprechung gibt. Diese Angst ist vielleicht am ehesten vergleichbar mit dem chronischen Streß desjenigen, der einen sterbenden Angehörigen begleitet, und dieser Streß erschwert die Trauerarbeit. Gilt die Trauer der Unverwundbarkeit oder den zwar normalen, jedoch risikoreichen Verhaltensweisen? Seinen vagen Vorstellungen überlassen, gehört der noch gesunde Infizierte sicher zu den psychisch Gefährdetsten.

Die Infizierung: Beginn der Trauer

Aufgrund der spektakulären Entwicklung der Krankheit wurden die psychischen und psychiatrischen Aspekte von Aids bereits im Anfangsstadium mit erhöhter Aufmerksamkeit beobachtet. Die außergewöhnliche Form dieses Syndroms »mit doppelter Zündung« gewissermaßen treibt in beiden Phasen, nach der Infizierung und nach Ausbruch der Krankheit, die tatsächliche Trauerarbeit voran. Umfragen zufolge zeigen achtzig Prozent der Aids-Kranken in New Yorker Krankenhäusern Verhaltensstörungen, vierzig Prozent von ihnen leiden an Depressionen, und zehn Prozent verüben Selbstmordversuche. In den europäischen Großstädten liegen die Prozentsätze ähnlich, selbst wenn die Gruppen sich hinsichtlich ihrer soziokulturellen Zusammensetzung unterscheiden. Es gibt eine für Aids-Patienten charakteristische Depression – einen seelischen Schmerz, der aus einem Gefühl von Bestrafung und Selbstentwertung entsteht. Schuldgefühle und eine geringe Selbstachtung ergänzen den körperlichen Verfall und nehmen die Trauer um sich selbst vorweg.

Diese Trauer, die die gesellschaftliche Isolierung noch verstärkt, kann zum Selbstmord führen. Für den Kranken, für seine Familie, für die Pfleger, aber vor allem für seine Leidensgefährten ist dies verheerend: Wie soll man sich den Mut zum Kämpfen bewahren, wenn andere aufgeben? Die Ängste resultieren aus dem Warten auf die Symptome, aus der Panik bei jedem Gewichtsverlust, aus der Angst vor einer neuen Infektion und vor dem Tod. Weil Aids ein Medienereignis ist, gibt es kaum einen krankheitsfreien Raum. Diese Allgegenwart versperrt jede Möglichkeit des Selbstschutzes, besonders die der Verdrängung und der Angstverschiebung.

Aids vereinigt sämtliche unterschiedlichen Formen der Trauer, die in den vorangegangenen Kapiteln beschrieben wurden. Mit Bekanntgabe der Diagnose »positiv« ist der Betroffene seinem Tod ausgesetzt. Auch wenn die Entscheidung zur Durchführung eines Tests auf begründete Verdachtsmomente schließen läßt, löst erst die Realität des Ergebnisses eine grundlegende Infragestellung des Selbstverständnisses aus. Zumindest trifft das auf diejenigen zu, die eine Ansteckungsmöglichkeit in Betracht gezogen haben; ganz anders verhält es sich indes bei denen, die überhaupt nicht damit gerechnet haben – sie reagieren, wie auch bei akuten Krankheiten, mit einem Schock.

Das vertraute Leben der Betroffenen ist plötzlich grundlegend verändert; die eigene Welt wird unversehens von den Vorstellungen über Aids und Tod überflutet. Viele Entscheidungen müssen getroffen werden: Teilt man es Freunden und Verwandten mit? Soll man eine Therapie beginnen und wenn ja, welche? All diese Probleme können, sofern der Betroffene Unterstützung erfährt, eine ähnliche Funktion übernehmen wie Beerdigungsformalitäten: Durch die »Beschäftigung« wird die innere Leere verhindert. Die Diagnose gerät für diejenigen zur Katastrophe, deren Verhalten gesellschaftlich mehr oder weniger mißbilligt worden ist, und manchmal kommen Homosexualität, Drogenabhängigkeit oder Ehebruch erst durch die Krankheit an den Tag.

Die Leugnung der Infizierung ist ein häufiges, aber vorübergehendes Phänomen, das der Weigerung entspricht, den neuen Status als HIV-Positiver anzunehmen. Die Depression, die dieser Phase folgt, fällt mit einer gewissen institutionellen Leere zusammen: Der Betroffene braucht Zeit, um sich die Vorstellung zu eigen zu machen, daß er sein Leben künftig mit Hilfe der Medizin gestalten muß. »Wie lange noch?« wird häufig gefragt und vor allem »Warum?« Dabei stellen die Infizierten meist fest, daß ihr körperlicher Zustand sich zunächst nicht verändert hat.

Es ist ein Trauern um die Gesundheit, ohne die Krankheit erlebt zu haben. Das überwiegend jugendliche Alter erhöht die Ablehnung der Abhängigkeit von der ärztlichen Institution. Noch quälender ist die erzwungene Änderung der Lebensgewohnheiten, vor allem was das Sexualverhalten betrifft. Die Angst, trotz Präservativ das Virus weiterzureichen, kann sich durch Ablehnung des Geschlechtsverkehrs oder durch Impotenz ausdrücken. Selbst Patienten, die sich mit ihrem Körper arrangiert haben, die über die Risiken informiert und vollkommen in der Lage sind, diese zu kontrollieren, legen eine starke Hemmung an den Tag. Da dieser Verzicht auf ein Liebesleben zu einem Frustrationsstau führen kann, ist psychologische Hilfe unbedingt nötig. Für einige Homosexuelle wird die Situation zusätzlich dadurch erschwert, daß sie aus Angst vor dem Bekanntwerden der Krankheit die gewohnten Treffpunkte meiden und dadurch in eine soziale Isolation geraten, die einen zusätzlichen Depressionsfaktor ausmacht. Die verschiedenen Organisationen und Selbsthilfegruppen haben gerade in dieser Hinsicht vieles getan, um den psychischen Zustand der Patienten zunächst zu verbessern und dann die Krankheit allmählich in das Intimleben zu integrieren – die Hinwendung zur Praxis des »Safer Sex« ist ein gutes Indiz für Besserung.

Bei den Drogenabhängigen sind die Schwierigkeiten anderer Natur. Aus Angst vor Ansteckung wird der Drogenkonsum nur selten eingestellt, lediglich im Umgang mit Spritzen ist man sorgsamer. Allerdings haben Untersuchungen in mehreren Ländern ergeben, daß diese Vorsicht endet, wenn sich Entzugserscheinungen einstellen. Einer Umfrage zufolge leihen achtundvierzig Prozent der Drogenabhängigen weiterhin ihre Spritzen aus (Löwenstein, 1988). Für sie ist es am schwersten, sich ihrer Gesundheit bewußt zu werden, ihr Organismus reagiert allein auf die Droge, meist entweder in Form von Entzugserscheinungen oder Überdosis. Der Körper wird meistens als Abstraktion erlebt, er tritt zurück hinter dem Hochgefühl, das die Droge verschafft. Wie soll man ihnen unter diesen Bedingungen eine Behandlung, regelmäßige Untersuchungen oder gar einen Krankenhausaufenthalt nahelegen?

Allerdings kann Aids gerade für diese Risikogruppe auch einen positiven Aspekt haben, wenn die Gefährdeten nämlich das Testergebnis als äußerste Mahnung für ihr zerstörerisches Verhalten begreifen. Indem sie sich um bestimmte Lebensregeln bemühen, erkennen plötzlich einige Drogenabhängige die Möglichkeit, einer nicht gewollten oder falsch verstandenen Existenz einen Sinn zu geben. In diesem Zusammenhang denken manche junge Frauen daran, ein Kind auf die Welt zu bringen. Auch hier wieder müssen sich die Ärzte darauf beschränken, zuzuhören und Informationen zu geben, was unerläßlich ist, damit Mutter und Kind zusätzliche Risiken erspart werden, denn die Gefahr, daß das mütterliche Virus aufs Kind übertragen wird, liegt bei etwa dreißig Prozent. Nur durch ein ausführliches klinisches Gespräch können die bewußten und unbewußten Gründe für diesen Kinderwunsch offengelegt werden. Viele Frauen aus dieser Randgruppe sehen ein Kind als Erlösung an[4], sie hoffen, als Mutter endlich Zugang zur Normalität zu finden. Das Kind wird zum körperlichen, psychischen und sozialen Heilungsfaktor, und vor allem begegnen sie der Angst vor dem Tod damit, daß sie ein neues Leben in die Welt setzen. An dieser Stelle erreicht die Ambivalenz der Trauer einen Höhepunkt, können diese jungen Frauen doch nicht übersehen, daß sie vielleicht ein krankes Kind gebären werden oder daß sie selbst sterben, ehe es erwachsen ist.

Die Trauer um die verpaßten Möglichkeiten, Kinder zu bekommen, ist im übrigen für Männer und Frauen gleichermaßen schwer zu ertragen und führt nicht selten zur Trennung. Vom Kinderwunsch HIV-positiver Männer hört man zwar in den Medien so gut wie nichts, doch wird er oft im Vertrauen darauf geäußert, daß die Medizin eine Lösung findet. Sie erwähnen das Einfrieren oder die Auslese gesunder Spermien, um bei einer möglichen Befruchtung jede Ansteckungsgefahr auszuschließen.

Mit den ersten durch die Immunschwäche ausgelösten Krankheiten bahnt sich die gefürchtete Zustandsveränderung an, beginnt der Übergang zum vollen Erscheinungsbild von Aids, wenngleich es in diesem Stadium möglich ist, das relative Wohlbefinden noch einmal zurückzuerlangen. Der Status des Kranken ist erst wirklich mit dem ersten Krankenhausaufenthalt erreicht. Für einige Patienten ist dies eine entscheidende Phase: Auch wenn sie es nicht verbalisieren, ist es doch für sie beruhigend, schon die Pfleger kennenzulernen, die sie bis ans Ende begleiten werden. Andere wieder neigen dazu, irgendwann die vertraute Pflegesituation zugunsten einer anonymeren zu verlassen, und allein eine gute Kommunikation kann diese Flucht verhindern, die einen weiteren Ausschluß bedeuten würde. Für den Fall jedoch, daß zwischen Patient und Betreuern kein gutes Verhältnis besteht, weil der Kranke sich vielleicht medizinisch schlecht beraten fühlt, kann ein Wechsel nur vorteilhaft sein.

Mit jedem sekundären Infekt nimmt die Hoffnung ab – der Kranke versinkt häufig in einen depressiven Zustand, was eine therapeutische Unterstützung und gegebenenfalls eine zusätzliche Verabreichung von Antidepressiva erforderlich macht.[5] Darüber hinaus ist der depressive Zustand das Ergebnis einer libidinösen Abwendung von der früheren Lebensweise. Insbesondere die Homosexuellen empfinden die Vergänglichkeit einer hoch bewerteten körperlichen Attraktivität als Katastrophe. Auch Ängste vor der Erwerbsunfähigkeit und vor dem Wahnsinn werden intensiv ausgelebt und können mit Selbstmordversuchen enden, falls keine Trauerarbeit geleistet wird.

Ein besonderes Problem manifestiert sich in einer Frage, die häufig an Ärzte gerichtet wird: »Wozu sich bemühen, wenn ich ohnehin sterben werde?« Nur das Sprechen über den eigenen Tod kann helfen, den schwierigen Weg zu gehen. Familien und Verwandte rücken zusammen, und Eltern, die erleben, wie die junge Generation vor ihrer eigenen erlischt, haben das Gefühl, Unrecht zu erfahren. Mütter junger Homosexueller bezichtigen sich gelegentlich gar, für den Gesundheitszustand ihrer Söhne verantwortlich zu sein. Daneben gibt es andere Familien, die sich mißbilligend von dem Außenseiter fernhalten. Ihre Abwehr verhängt über die Krankheit ein belastendes Schweigen, und kennen sie tatsächlich die Diagnose nicht, ist Lügen und Ängsten die Bahn bereitet. Allein ein kompetentes Betreuungsteam wird den Angehörigen jenes Sicherheitsgefühl vermitteln können, das erforderlich ist, um den Kranken bis ans Ende zu begleiten. Die Patienten nämlich neigen dazu, selbst in extremen Situationen noch eine Therapie zu verlangen, und nur ein guter Dialog aller Beteiligten wird sie bewegen, den Schritt von der Behandlung zum Pflegen zu akzeptieren.

Das unerwartete Auftauchen von Aids hat auch die Krankenhäuser vor eine neue Situation gestellt. Zunächst wurden die jungen Kranken auf vorhandene Stationen verteilt, bis man teilweise dazu überging, spezielle Abteilungen einzurichten.

Das medizinische Interesse an der neuen Krankheit, gepaart mit der Neugier hinsichtlich einer isoliert lebenden Gruppe, hat von Anfang an bei allen beteiligten Ärzten eine starke emotionale Zuwendung ausgelöst. Eine der unbewußten Motivationen der Medizin und allgemein der Pflegeberufe ist der Wunsch, das, was verborgen ist, zu erkennen. Dieses Verborgene – und üblicherweise Verbotene – betrifft vor allem zwei wichtige Tabus unserer Kultur: das Geschlecht und den Tod. Allein bei der Pflege ist eine Annäherung erlaubt, die nicht gleichzeitig den Eindruck erweckt, daß eine Regel übertreten wird. Im Fall der Aids-Kranken kommt hinzu, daß sie oft im gleichen Alter sind wie ihre Betreuer, was eine größere emotionale Nähe bewirkt. Die Zugehörigkeit vieler Patienten zu künstlerischen und intellektuellen Kreisen führt zu einer Aufwertung der Pflegeeinrichtungen, und die interessanten jungen Männer, die sich jetzt ganz der Medizin anvertrauen, haben anfangs für große Anziehungskraft und Hilfsbereitschaft gesorgt. Dennoch hat sich die uneingeschränkte Identifikation einiger Pfleger schnell erschöpft, vor allem bei denjenigen, deren Identifikation über schlichtes Einfühlungsvermögen hinausging und vielmehr eigene sexuelle Probleme aufwarf. Während die Homosexuellen aber insgesamt gut akzeptiert werden, sind bei Drogensüchtigen viele Anpassungsversuche nötig. Patienten, die bei einer Bluttransfusion infiziert worden sind, werden dagegen als unschuldige Opfer der Krankheit angesehen. Solche Unterscheidungen werden von den Kranken sehr wohl wahrgenommen, was nicht zur Verbesserung der psychischen Bedingungen des Krankenhausaufenthaltes beiträgt.

Ein anderer Aspekt des emotionalen Engagements bei der Pflege Aids-Kranker ist die Angst vor Ansteckung. Obwohl die

Gefahr hier unter einem Prozent [6] liegt – bei der Virushepathitis dagegen sind es immerhin zwanzig bis dreißig Prozent –, erzeugt die hohe affektive Besetzung der an diesen Patienten geleisteten Pflege eine Ambivalenz, die für diese nachträglichen Befürchtungen verantwortlich ist. Hinzu kommt, daß die Angst, durch das Virus angesteckt zu werden, gegenüber anderen Risiken deshalb ungenügend relativiert wird, weil die Prognose nur im Fall von Aids absolut tödlich ist. Überzogene Ängste und übertriebene Schutzmaßnahmen finden sich dagegen nur auf solchen Stationen, die nur wenig Berührung mit Aids-Kranken haben. In den Spezialabteilungen geht man mit Aids wie mit jeder anderen tödlichen Krankheit um. Hier ist es nicht die Angst vor Ansteckung, die zermürbt, sondern die kräftezehrende Sterbebegleitung. Die Möglichkeit, Abstand wahren zu können, ist jedoch mehr denn je notwendig, zumal Berechnungen voraussagen, daß ab 1995 jedes fünfte Krankenhausbett von einem Aids-Kranken besetzt sein wird.

Ethik und Trauer

Mittlerweile ist der Mensch in seiner Gesamtheit zum Gegenstand der medizinischen Wissenschaft geworden. Von der Zeugung bis zum Tod werden die Grenzen ständig neu definiert, und wir erleben zahlreiche Debatten über künstliche Befruchtung und Zeugung sowie über Euthanasie. Ebenso werfen Organentnahmen oder die künstliche Lebensverlängerung durch Apparate ethische Fragen nach dem Todeszeitpunkt auf. Bei Organentnahmen tritt zumeist hinter dem lebensrettenden Aspekt die Trauer der Familie zurück, die sich zudem mit der Verstümmelung des Leichnams abfinden muß. Wichtig in diesem Zusammenhang sind eindeutige Gesetze, die etwaige Bedenken bei den Angehörigen ausräumen und die Ablehnung auf ein Mindestmaß reduzieren können.

Pflege und Euthanasie

Der Begriff Euthanasie, der dem etymologischen Sinn nach etwa »schöner Tod« bedeutet, bedarf einer Erläuterung. Man unterscheidet heutzutage zwischen der gesetzlich verbotenen aktiven Euthanasie, bei welcher der Tod herbeigeführt wird, um ein unerträgliches Leiden zu verkürzen, und der passiven, die besagt, daß jede lebensverlängernde Behandlung unterlassen wird. Beiden gemeinsam ist der Wunsch, Schmerzen und fortschreitenden Verfall des Sterbenden zu minimieren.

Gleichwohl ist die Euthanasie, die aktive wie die passive, eine medizinische Entscheidung, um ein letztes Mal den Kampf gegen Leiden und Untergang zu gewinnen. Dieser allerletzte Zugriff der Medizin auf das jetzt erlöschende Leben eines Menschen drückt eine Ablehnung des natürlichen Todes aus. Verstärkt nicht zudem der »technische« Aspekt der Euthanasie die Ambivalenz der Trauer nach einem Tod, den man gewünscht, diskutiert und »verabreicht« hat? Oder ist sie umgekehrt ein Mittel, pathologische Trauern nach chronischen Krankheiten zu vermeiden? Wird der Tod nicht allzu vertraut, wenn man ihn sorglos manipuliert? Ganz zu schweigen von der Gefahr, leichtfertig zu Begründungen wie mangelnder Menschenwürde Zuflucht zu nehmen, um die Euthanasie als einzige Lösung zu legitimieren.

Wir alle kennen die quälende Debatte. In der Tat verhindern wirksame Schmerzmittel und fürsorgliche Pflege in der Mehrzahl der Fälle, daß das Thema überhaupt aufkommt. Dennoch gibt es Fälle, wo die Situation des Patienten derart unerträglich geworden ist, daß er keinen anderen Weg mehr sieht. Was soll dann getan werden?

Das Praktizieren der Euthanasie kann weder rationalisiert noch verallgemeinert noch legalisiert werden. Sie muß stets die letzte, schicksalhafte Schwelle bleiben, über die man sich im Normalfall nicht hinauswagt. Denn auch für die betroffenen Familien werden dadurch später große Probleme aufgeworfen, wenn sie sich für die Euthanasie entschieden haben. Ganz zu schweigen von dem Arzt, der dem Wunsch seines Patienten entsprochen hat – er kann sich in eine Rolle versetzt fühlen, die eigentlich niemand seinesgleichen in Erwägung ziehen dürfte.

Die Niederlande gehen in Sachen Euthanasie einen eigenen Weg, denn sie haben die aktive Sterbehilfe nicht kriminalisiert. Zwischen sechs- und zehntausend Menschen sterben jährlich auf diese Weise, doch werden nur hundertfünfundzwanzig offizielle Anträge gestellt. Ihr Schweigen, so argumentieren die Ärzte, mache die administrativen Schritte einer offiziellen Erklärung überflüssig. Daraus kann man allerdings auch Beunruhigung über die eigene Entscheidung heraushören – eine Beunruhigung, die deutlicher wird, wenn die niederländische Euthanasie-Debatte plötzlich auf Patienten im Koma, Wahnsinnige oder Schwerbehinderte ausgeweitet wird. Immerhin haben die Erfahrungen in anderen Ländern gezeigt, daß die Bitte um Euthanasie erheblich zurückgegangen ist, seit wirksame Schmerzmittel verwendet und der Schwerpunkt von einer Therapierung bis zum letzten Atemzug auf eine fürsorgliche Begleitung hin zu einem sanften Tod verlagert wurde.

Dieser sanfte Tod kann nur in voller Kenntnis der Tatsachen akzeptiert werden. Auch hier hat Aids dazu beigetragen, etwas offenzulegen, was bislang nur diskret in einer Ecke der Patientenunterlagen angemerkt war. Es betrifft die Frage der Reanimation: Selbst wenn das Problem sich vorher ebenso bei anderen unheilbar Kranken stellte, so hat erst Aids unter den Fachärzten allmählich zu einem tieferen Konsens geführt.[7] Von einem gewissen Krankheitsstadium an, wenn schwerste Beeinträchtigungen vorliegen, sieht man – selbst wenn die Patienten jung sind – immer häufiger von einer Wiederbelebung ab, während im Frühstadium, bei Erstinfektionen, im allgemeinen eine Reanimation versucht wird. Diese Verfahrensweise resultiert aus Diskussionen zwischen allen Beteiligten und wurde als praktikabel akzeptiert.

Anordnungen, »nicht wiederzubeleben«, sind Entscheidungen, die auf gemeinsame Überlegungen von Patient, Angehörigen und Ärzten zurückgehen. Eine solche Übereinkunft erfordert von allen Gesprächspartnern Offenheit. Patienten und ihre Familien können den Notärzten nicht mehr jede Entscheidung unter dem Vorwand überlassen, über den baldigen Tod des Kranken zu sprechen sei tabu. Da die Komplexität jedes einzelnen Falls lange Überlegungen impliziert, muß eine wirkliche Übereinkunft in einer Situation relativer Gelassenheit getroffen werden. Nur wenn der Tod gemeinsam getragen wird, kann die Verantwortung geteilt werden. Die Möglichkeit, vor dem unabwendbaren Ende über den eigenen Tod zu sprechen, gibt dem Kranken eine bestimmte Verantwortung zurück, und das Pflegepersonal vermeidet dadurch den emotionalen Streß, nicht zu wissen, wem es was sagen soll.

Damit Ärzte, Pfleger und Schwestern ihre Trauer um einen Patienten ausleben können, müssen sie mit den erforderlichen intellektuellen und psychologischen Mitteln ausgerüstet sein.

Doch noch wird bei der Ausbildung der Ärzte und des Pflegepersonals zu wenig Gewicht auf dieses Thema gelegt. Zunächst
ist das Entstehen dieser neuen Fachrichtung mit einer gewissen
Begeisterung gefeiert worden. Und einige wenige Kritiker gingen sogar noch weiter: Weshalb eigentlich nur von der Begleitung des Sterbenden die Rede sei? Müsse nicht jeder Kranke, der
darum bittet, begleitet werden? Das Bemühen um Lebensqualität solle jedem Krankenhauspatienten zugute kommen. Das
Ideal der umfassenden Betreuung, dem sich die Pflegedienste
verschrieben haben, sollte auf alle Kranke übertragen werden –
ein Modell, das in eine Wohlfahrtsgesellschaft mündet und
wenig Autonomie fördert... Auch würde es immense Kosten
verursachen und hohe Personal- und Bettenkapazitäten erfordern.

Organentnahme und Todeszeitpunkt

Schätzungen zufolge werden bereits in naher Zukunft die Transplantationen die Hälfte aller chirurgischen Eingriffe ausmachen.
Schon heute werden vielen jungen Unfallopfern Herz, Nieren,
Leber, Lungen entnommen. In Frankreich beispielsweise ist das
automatisch erlaubt, wenn keine ausdrückliche Verweigerung
vorliegt; in Deutschland ist es nur möglich, wenn eine ausdrückliche Zustimmung vorhanden ist. Wie auch immer – für die
Angehörigen, ohnehin geschockt durch den plötzlichen Tod, ist
es oftmals schwer, sich mit einer Organentnahme innerlich
abzufinden. Deshalb treten in den Transplantationszentren oft
ausgebildete Trauerhelfer auf den Plan, die sich mit der Familie
des Unfallopfers in Verbindung setzen, um deren Barrieren
gegen die Organentnahme abzubauen.

In einer solchen Krisensituation fällt die Entscheidung deshalb oft so schwer, weil der potentielle Spender künstlich am
Leben erhalten wird, um die Verwertbarkeit seiner Organe zu
gewährleisten. Der Entnahme zuzustimmen heißt, daß danach
alle Apparate ausgeschaltet werden und der tödlich Verletzte

endgültig stirbt. Die Öffentlichkeit hat meist nur eine ungenaue Kenntnis der Definition des Hirntods, der Maßstab für das Ende des Lebens ist. Zur Katastrophe des tödlichen Unfalls kommen jetzt noch quälende Fragen nach der Grenze zwischen Leben und Tod hinzu. Denn das Fehlen von Gehirnströmen besagt nicht gleichzeitig, daß der Körper, maschinell gestützt, nicht normale vegetative Funktionen ausüben kann. Damit gerät die Vorstellung vom Tod eines geliebten Menschen in eine für die künftige Trauer gefährliche zwielichtige Zone. Wie soll man da erwarten, daß eine klare Position zur Frage der Organentnahme bezogen wird? Mit Sicherheit ist es in solchen Fällen hilfreich, wenn der Verstorbene selbst zu Lebzeiten Verfügungen getroffen hat, wie das beispielsweise in Deutschland durch einen Organspendeausweis möglich ist. Vor allem junge Menschen scheinen in steigender Zahl dazu bereit zu sein, was zum einen auf ein wachsendes Gefühl der Solidarität zurückzuführen sein mag und zum anderen vielleicht auch darauf, daß man sich die Organspende als eine Form partiellen Weiterlebens vorstellt.

Bei den Empfängern der Organe jedenfalls entsteht diese Phantasie für eine gewisse Zeitdauer. Der Chirurg Michel-Raymond Corniglion (1986), der mit siebenunddreißig Jahren eine Herztransplantation erlebte, hat beschrieben, wie er jenes andere Herz »gezähmt« habe. Nach und nach entwickelte er so etwas wie eine Freundschaft zu dem verstorbenen Spender, dessen Eigenschaften und Neigungen er erahnte. »Deshalb betrachte ich dieses Herz, das in meinem Brustkorb schlägt, nicht als ein fremdes Organ. Ich habe aber auch keine Ich-Gefühle, sondern eher den Eindruck einer Verbindung zwischen mir und ihm. Dank der Herzspende dieses jungen Motorradfahrers geht mein Leben weiter und sein eigenes auch.«

Berichte wie die Aussage dieses Arztes sind selten. Die meisten Organempfänger weigern sich, über denjenigen zu reden, dem sie ihr Überleben verdanken – solches Verschweigen kann pathogen werden. Daß Organempfänger gelegentlich psychische Komplikationen aufweisen, liegt daran, daß sie sich nicht ausreichend auf das Gefühl von partiellem Leben oder partiellem

Tod vorbereitet haben. »Er ist gestorben, doch eines seiner Organe lebt in mir fort. Ich war beinahe tot, doch dank ihm lebe ich wieder.« Die Perspektive, mit einem fremden Organ weiterzuleben, wirft eine grundlegende Identitätsfrage auf. Nicht nur, daß mit der Transplantation das Ich und der Andere ineinander übergreifen, auch Leben und Tod sind unauflöslich miteinander verbunden.

Die Überlegungen zum Tod gehen weit über die alte Debatte von Hinnahme oder Verdrängung hinaus, denn die Zusammenhänge sind hier weitaus komplexer und können bei denjenigen, die unversehens damit konfrontiert werden, Verwirrung hervorrufen. Die Therapeuten sind von diesen Irritationen nicht ausgenommen: Wie soll man Patienten in einem »chronisch vegetativen Zustand« beurteilen? Sind irreversible zerebrale Schädigungen eine ausreichende Rechtfertigung, den Körper als quasi perfektes Experimentierfeld zu benutzen? Oder muß nicht die Achtung auch eines bewußtlosen Patienten an erster Stelle stehen, damit die Familien ein würdiges Bild des verlorenen Angehörigen bewahren können?

Der technische Fortschritt der Medizin kann die Sterblichkeit nicht hinter alle Grenzen zurückdrängen und die Endlichkeit jedes menschlichen Wesens leugnen. Der Tod vor einer Organentnahme ist nicht nur Definitionsgegenstand einer Ethik-Kommission; er muß von demjenigen aufgearbeitet werden, dessen Leben von dem toten Spender abhängt. Allein auf diese Weise kann eine vollständige Heilung erzielt werden, und nur so wird der Betroffene zu seiner vollen und eigenen Identität zurückfinden.

Die Trauer denken

Allgemein gesprochen kann man um alles trauern, was mit einem sentimentalen Wert behaftet ist. Dieses Buch aber möchte einen neuen Ansatzpunkt für eine der schwierigsten Erfahrungen bieten – für den Tod eines nahen Angehörigen. Wie kann heute Trauerarbeit geleistet werden?

Weder überzogene Dramatisierung noch kryptische Verlängerung der Trauer, weder Leugnung noch Blockierung der Gefühle – die Alternative besteht in der subjektiven Anerkennung des Kummers und vor allem in der Einsicht, daß es eine bestimmte Zeit dauert, ehe die Kräfte neu gesammelt werden können. Die Geschichte der Trauerriten, die Erkenntnisse der Psychoanalytiker und in jüngster Vergangenheit die Forschungen der neuen interdisziplinären Wissenschaften haben aufgezeigt, welch schwerwiegende Folgen fehlende Trauerarbeit nach sich ziehen kann.

Neigten unsere Vorfahren noch zu spektakulären Trauerbekundungen, so hätte unser ausgehendes Jahrhundert trotz einer diskreten Rückkehr der spirituellen Werte beinahe das Verschwinden jedes Rituals erlebt. Neben ihrer sozialen Funktion, den Gruppenzusammenhang zu garantieren, haben die Rituale zudem eine grundlegende psychologische Bedeutung: Durch Symbolisierung des Verstorbenen können die bei einem Verlust normalen Störungen toleriert und kontrolliert werden. Die allmähliche Aufhebung dieser allen Epochen und allen Kulturen gemeinsamen Übergangsphase hat de facto eine Psychopathologie der Trauer hervorgerufen, und beinahe wäre Trauer mit Krankheit verwechselt worden...

Da die Bedeutung religiöser und sozialer Instanzen schwindet, wendet sich der Trauernde an medizinische und psychologische Einrichtungen. Nicht wenige haben eine regelrechte Verschiebung vorgenommen und begreifen ihren Kummer oder ihre physiologischen Veränderungen nicht als normale Auswirkungen der Trauer. Ein geeignetes Präparat zu verabreichen, um Tränen oder Angst zu eliminieren, anstatt der Geschichte des Betroffenen zuzuhören, ist allerdings eine nur kurzfristig funktionierende Täuschung. Bei der erstbesten Gelegenheit tritt die Depression von neuem hervor. Verschobene Trauer, unerklärliche Schmerzen, chronische Depression, Unfälle, vernachlässigte Gesundheit – lang ist die Liste der Symptome, die sich aus dem Ungesagten, aus der Verdrängung des Todes ergeben.

Betrachtet man die neuesten Entwicklungen auf dem Gebiet der Medizin, registriert man unglaubliche therapeutische Fortschritte, ein gestiegenes Vertrauen in die Möglichkeit, den Tod zurückzudrängen, und eine umfassende Mobilisierung angesichts außergewöhnlicher Herausforderungen, für welche Aids das jüngste Beispiel ist. Die Umsicht erfordert, daß eine Disziplin wie die Bioethik neue Grundsätze zur Diskussion stellt, weil die aufgeworfenen Fragen völlig ungewohnt sind. Denn wie soll mit Trauer gedanklich umgegangen werden, wenn der Tod sein Aussehen verändert, wie es bei Komazuständen der Fall ist, wenn der Tod sich aufteilt wie bei Organtransplantationen oder wenn er vielleicht über mehrere Jahre hinweg über einem schwebt?

In unserer Industriegesellschaft drängt die zunehmende Individualisierung den nunmehr unfaßbaren Tod an die beruhigenderen Orte zurück – dorthin, wo Frauen und Männer in weißen Kitteln das Sagen haben. Können oder wollen sie die Gruppe, die sich früher um den Sterbenden sammelte, ersetzen? Einige fordern Lehrpläne für die Pflegedienste. Braucht man eine umfassende Professionalisierung der Sterbebegleitung? Lernt man zu trauern? Ist das nicht vielmehr Sache einer Lebensphilosophie?

In diesem Buch habe ich zeigen wollen, wie sehr es Voraussetzung für das Vorbeugen einer »Trauerkrankheit« ist, daß die Folgen und die Chronologie der Trauer allgemein gesellschaftlich anerkannt werden. Damit sollen nicht die früher wirksamen, jetzt jedoch ungeeigneten Riten rehabilitiert, sondern eine neue, unseren heutigen Werten entsprechende Symbolik entwickelt werden. Wenn der Tod nur im Krankenhaus stattfinden kann, müssen wir das akzeptieren und entsprechende Mittel bereitstellen. Der Schmerz muß entmystifiziert, die zwischenmenschlichen Beziehungen und die äußeren Umstände müssen verbessert werden, die Krankenhäuser sich nach außen öffnen, so daß Familien und Freunde anwesend sein können.

Diese Entwicklung ist im übrigen mit der absehbaren Veränderung der Institutionen des Gesundheitswesens vereinbar. Die fortschreitende medizinische Technologie erlaubt ein höheres Tempo und eine höhere Effizienz der Pflege, was nicht einer Verbesserung der zwischenmenschlichen Beziehungen widersprechen soll. Das vorrangige Bemühen um Lebensqualität impliziert auch, alles zu versuchen, um die »Qualität« des Sterbens zu verbessern. Um diesen Preis werden die menschlichen Ambitionen wieder mit den Gesetzen der menschlichen Gattung in Einklang kommen – zur Integration aller Erlebnisse, Verluste wie Gewinne, die den Reichtum eines Lebens ausmachen.

Anmerkungen

Keine Trauer ohne Ritual

1 Vgl. Cl. Duneton (1987)
2 E. Morin (1976), S. 52
3 Ebd., S. 55
4 J. Delumeau (1985), S. 199
5 Ph. Ariès (1976), S. 157
6 Vgl. C. Herzlich (1983)
7 Vgl. A. Fine (1987a)
8 Vgl. A. Le Braz (1928)
9 Vgl. J.-M. Brunvand (1981)
10 Vgl. Cl. Lévi-Strauss (1968), S. 46 ff.
11 *Le Monde*, 17. Januar (1990)
12 Vgl. F. Laffont / C. de Ponfilly, (1990)
13 Vgl. M. Fournie (1987)
14 Vgl. J. Le Goff (1984)
15 Ph. Ariès (1976), S. 172

Normale Trauer und Pathologie der Trauer

1 S. Freud (1982), S. 197
2 Ebd., S. 209
3 Vgl. M. Klein (1972) ²1991
4 Vgl. F. Dolto (1971), S. 158
5 E. Morin (1981), S. 158
6 Vgl. M. Torok, (1968)
7 S. Freud (1960), S. 327
8 Ebd., S. 328
9 Vgl. E. Jones: Das Leben und Werk von Sigmund Freud. Band III (1962), S. 115 f.
10 W. und M. Stroebe (1987), S. 10
11 Vgl. R. Debray (1991)
12 Vgl. M.-F. Bacqué (1991)
13 M. Hanus (1976)

14 Vgl. J. Bergeret (1974)
15 Vgl. G. W. Brown / T. Harris (1978)
16 Vgl. T. H. Holmes / R. H. Rahe (1967)
17 Vgl. J. Glick / R. S. Weiss / C. M. Parkes (1974)
18 Vgl. C. M. Parkes (1985)
19 Vgl. M. P. Rogers (1988)
20 Vgl. Levav / Y. Friedländer / J. D. Kark / E. Peritz (1988)
21 Vgl. S. Zisook / R. A. de Vaul / M. A. Click (1982)
22 Vgl. A. Bizot / D. David / Cl. Millot / A. M. Robert (1989)
23 Vgl. M. Hanus (1982)

Trauer und medizinische Einrichtungen

 1 G. Canguilhem (1988), S. 59
 2 F. Laplantine (1986)
 3 M. Wool / R. Goldberg (1987)
 4 Le Point, Nr. 944, Okt. 1990
 5 L.-V. Thomas (1978)
 6 F. Boureau (1988)
 7 P. Kielholz (1979)
 8 G. Dévereux (1970)
 9 E. Toubiana (1989)
10 R. Sebag-Lanoë (1986)
11 Ebd.

Ein besseres Wissen um die Trauer

 1 P. Thuillier (1989)
 2 vgl. M. Grmeck (1989)
 3 M. Pollack (1988)
 4 J.-C. Pons u. a. (1989)
 5 Vgl. P. Raymondet (1991)
 6 A. Fourrier u. a. (1989)
 7 B. Regnier u. a. (1988)

Literaturhinweise

Abraham, K.: Préliminaires à l'investigation et au traitement psychanalytique de la folie maniaco-dépressive et des états voisins. Œuvres complètes ¹1912, Payot, Paris 1975.

Amir Y., Sharon I.: »Factors in the Adjustment of War Widows in Israel«, in: Stress and Anxiety, Bd. 8, Hemisphere, Washington D. C. 1982.

Ariès, Ph.: Geschichte des Todes. Hanser, München 1980.

–: Studien zur Geschichte des Todes im Abendland. Hanser, München 1976.

Bacqué, M.-F.: »Représentations de la guérison en milieu hospitalier ›aigu‹«, Psychologie médicale, 1988, 20,9: S. 1305–1307.

–: Perte d'objet et lutte antidépressive: inscription dans le corps de la faillite du travail de deuil, Phil. Diss., Paris 1989.

–: »Souffrances et douleurs dans le travail de deuil«, Psychologie clinique. 1990, 4, S. 69–77.

–: »L'enfant arménien«, Journal de psychanalyse de l'enfant. 1991, 9, S. 165–176.

Baines, M. J.: »Cancer pain«, Postgraduate Medical Journal, 1984, 60, 710, S. 852–857.

Balint, M.: Der Arzt, sein Patient und die Krankheit. Klett-Cotta, Stuttgart 1991.

Baudrillard, J.: Der symbolische Tausch und der Tod. Matthes & Seitz, München 1991.

Bergeret, J.: La dépression et les états limites. Payot, Paris 1975.

–: La personnalité normale et pathologique. Dunod, Paris 1974.

Bernard, Cl.: Introduction à la médecine experimentale. J.-B. Baillière, Paris 1865.

–: Leçons sur le diabète et la glyconèse animale. J.-B. Baillière, Paris 1877.

Beth, B.: L'accompagnement du mourant en milieu hospitalier. Doin, Paris 1986.

Bettelheim, B.: Aufstand gegen die Masse. Die Chance des Individuums in der modernen Gesellschaft. Szczesny, München 1964.

Birtchnell, J.: »Early Parent Death and Mental Illness«. British Journal of Psychiatry, 1970, 116, S. 281–88.

Bizot, A. / David, D. / Millot, Cl. / Robert, A.-M.: »Diagnostic prénatal et deuil«. Psychosomatique, 1989, 17/18, S. 163–171.

Boureau, F.: Pratique du traitement de la douleur. Doin, Paris 1988.

Bourguignon, O.: Mort des enfants et structures familiales. PUF, Paris, 1984.

Bouvier-Colle, M.-H. / Vallin, J. / Hatton, F.: Mortalité et causes de décès en France. Doin, Paris 1990.

Bowlby, J.: Attachment and Loss. Penguin Book, Harmondsworth, 1971 ff.

Brown, G. W. / Harris, T.: Social Origins in Depression. A Study of Psychiatric Disorder in Women. Tavistock, London 1978.

Brundvand, J. M.: The Vanishing Hitchhiker: American Urban Legends and their Meanings. Norton, New York/London, 1981.

Bunch, J.: »Recent Bereavement in Relation to Suicide«. Journal of Psychosomatic Research, 1972, 16, S. 361–366.

Caillois, R.: L'Homme et le sacré. Payot, Paris 1950.

Cameron, J. / Parkes, C. M.: »Terminal Care: Evaluation of Effects on Surviving Family of Care Before and After Bereavement«. Postgraduate Medical Journal, 1983, 2, S. 73–78.

Canguilhem, G.: Le Normal et le pathologique. ¹1966, PUF, Paris 1988.

Carosso, M.: »Les comportements vestimentaires face à la mort dans un village de Sardaigne«. L'Ethnographie, 1984, 20, S. 175–190.

Clayton, P.: »Mortality and Morbidity in the First Year of Bereavement«, Archives of General Psychiatry, 1974, 30, S. 747–750.

Clayton, P. / Halikas, J. A. / Maurice, W. L.: »The Depression of Widowhood«, Br. J., Psychiatry, 1972, 20, S. 171–178.

Corniglion, M. R.: Vaincre la mort. Un chirurgien greffé du cœur témoigne. Gallimard, Paris 1986.

D'Adler, M.-A.: »Les risques du métier«. Autrement, 1987, 87, S. 87–92.

Dagognet, F.: Le Vivant. Bordas, Paris 1988.

De M'Uzan, M.: De l'Art à la mort. Gallimard, Paris 1976.

Debray, R.: »Réflexions actuelles sur le developpement psychique des bébés et le point de vue psychosomatique«. Revue française de Psychosomatique, 1991, 1, S. 41–57.

Delumeau, J.: Angst im Abendland. Die Geschichte kollektiver Ängste im Europa des 14. bis 18. Jahrhunderts. Rowohlt Taschenbuch Verlag, Reinbek 1985.

Deutsch, H.: »Absence de douleur (1937)«, in: La Psychanalyse des névroses et autres essais. Payot, Paris 1970.

Devereux, G.: Essais d'ethnopsychiatrie générale. Gallimard, Paris 1970.

Dolto, F.: Psychoanalyse und Kinderheilkunde. Klett-Cotta, Stuttgart 1985.

DSM-III, Manuel diagnostique et statistique des troubles mentaux. Masson, Paris 1986.

Duneton, Cl.: »La danse macabre«. Autrement, 1987, 87, S. 166–170.

Dworkin, R. H. / Caligor, E.: »Psychiatric Diagnosis and Chronic Pain: DSM-III R. and Beyond«. Journal of Pain and Symptom Management, 1988, 3, S. 87–98.

Dyregrov, A.: »Crisis Intervention Following a Multiple Murder«, Bereavement Care, 1988, 7, S. 6–9.

Ebtinger, R.: »Le dialogue Abraham-Freud sur la mélancolie«. Confrontations psychiatriques, 1976, 14, S. 167–179.

Engelman, S. R. / Craddick, R.: »The Symbolic Relationship of Breast Cancer Patients to Their Cancer, Cure, Physician and Themselves«. Psychotherapy, Psychosomatics, 1984, 41, S. 68–76.

Ferenczi, S.: »Transfert and introjection«. in: Psychanalyse, (1909), Payot, Paris, 1968, Bd. I., S. 93–125.

Fine, A.: »Le parrain, son filleul et l'au delà«. Etudes rurales, 1987a, Jan.–Juni, S. 123–146.

–: »L'héritage du nom de baptême, Annales ESC, 1987b, 4, S. 853–877.

Fournie, M.: Les prêtres du purgatoire«. Etudes rurales, 1987, Jan.–Juni, S. 93–121.

Fourrier, A. / Foulon, G. / Abiteboul, D. / Bouvet, E.: »Risque d'exposition au sang pour le personnel soignant«, Bulletin d'épidémiologie hospitalière, 1989, 29, S. 33–35.

Freud, S.: »Trauer und Melancholie« in: Gesammelte Werke, Bd. 10, S. Fischer, Frankfurt a. M. 1946.

–: Briefe 1873–1939. Ausgewählt und herausgegeben von Ernst L. Freud. S. Fischer, Frankfurt a. M. 1960.

Gallagher, D. E. / Breckenridge, J. N. / Thompson, L. W. / Peterson, J. A.: »Effects of Bereavement on Indicators of Mental Health in Elderly Widows and Widowers«. Journal of Gerontology, 1983, 38, S. 565–571.

Gerber, I. / Weiner, A. / Battin, D. / Arkin, A.: »Brief Therapy to the

Aged Bereaved«, in: Bereavement, its Psychosocial Aspects. Columbia University Press, New York 1975, S. 310–313.

Glick, I. / Weiss, R. S. / Parkes, C. M.: The First Year of Bereavement. Wiley, New York 1975, S. 310–313.

Grmeck, M. D.: Historie du sida. Payot, Paris 1989.

Groddeck, G.: »La détermination psychique du cancer« (1934). Analyticat, Spezialheft 1976.

Grossarth-Maticek, R., Dusan, T. K., Schmidt, P., Vetter, H.: »Psychosomatic Factors in the Process of Cancerogenesis«. Psychother. Psychosom. 1982, 38, S. 284–302.

Grunberger, B.: Vom Narzißmus zum Objekt. Suhrkamp, Frankfurt a. M. 1982.

Guibert, H.: Mitleidsprotokoll. Rowohlt, Reinbek 1992.

–: Dem Freund, der mir das Leben nicht gerettet hat. Rowohlt, Reinbek 1993.

Guy, F. / Anani-Adotevi, F.: »L'Afrique, le sida, le sexe, l'enfant«. Santé mentale, 1988, 96: S. 8–15.

Hamond, H. /Rothman, P.: Génération, Bd. I., »Les années de rêve«. Seuil, Paris 1987.

Hanus, M.: »Les deuils névrotiques«. Actualités Psychiatriques, 1972, 6, S. 11–14.

–: »Objet de remplacement. Enfant de remplacement«. Revuc française de psychanalyse, 1982, 6, S. 1133–1147.

–: La pathologie du deuil, ITQA, Cahors 1976.

–: Les deuils pathologiques. Diss. Paris, 1969.

Helary, J.-P.: »L'autre versant de la technique: le retour à la relation humaine«. Autrement, 1989, 109, S. 41–47.

Herzlich, Cl.: Médecine moderne en quête de sens«, in: Le sens du mal: anthropologie, histoire, sociologie de la maladie. Editions des Archives Contemporaines, Paris 1983.

Higginson, I., Wade / A. / McCarthy, M.: »Palliative Care: Views of Patients and Their Families«, Br. Med. J., 1990, 301, S. 277–281.

Holmes, T. H. / Rahe, R. H.: The Social Readjustment Ratin Scale«, Journal for Psychosomatic Research, 1967, 11, S. 213–218.

Illich, I.: Die Enteignung der Gesundheit. Rowohlt, Reinbek 1975.

Jasmin, C. / Lem, G. / Marty, P. / Hertzberg, R. and the Psycho-Oncologic Group: »Evidence for a Link Between Certain Psychological Factors and the Risk of Breast Cancer in a Case-Control Study«. Annals of Oncology, 1990, 1, S. 22–29.

Jomain, C.: Mourir dans la tendresse. Le Centurion, Paris 1984.

Jones, D. R. / Goldblatt, P. O. / Leon, D. A.: »Bereavement and Cancer: Some Data on Deaths of Spouses from the Longitudinal Study of Office of Population Censuses and Surveys«, Br. Med. J., 1984, 289, S. 461–464.

Jones, E.: Das Leben und Werk von Sigmund Freud. 3 Bände. Hans Huber, Bern/Stuttgart/Wien 1960–62.

Kielholz, P.: »Le concept de dépression masquée«. L'Encéphale, 1979, 5, S. 459–462.

Klein, M.: Die Psychoanalyse des Kindes. Fischer Taschenbuch, Frankfurt a. M. 1971.

Kübler-Ross, E.: Interviews mit Sterbenden. Kreuz-Verlag, Stuttgart 1971.

Laffont, F. / de Ponfilly, C.: Poussières de guerre. Laffont, Paris 1990.

Lagache, D.: »Le travail de deuil«. Revue française de psychanalyse. 1938, 10, S. 693–715.

Lanouzière, J.: »Dépression et cancer du sein«. Revue de médecine psychosomatique, 1981, 23, S. 293–317.

Laplanche, J. / Pontalis, J.-B.: Vocabulaire de la psychanalyse, PUF, Paris 1967.

Laplantine, F.: Anthropologie de la maladie. Payot, Paris 1986.

Le Braz, A.: La légende de la mort chez les Bretons Armoricains. H. Champion, Paris 1928.

Le Goff, J.: Die Geburt des Fegefeuers. Vom Wandel des Weltbildes im Mittelalter. Klett-Cota, Stuttgart 1984.

Leriche, R.: »De la santé à la maladie«. Encyclopédie française, Bd. VI. 1936.

Levav, I. / Friedländer, Y. / Kark, J. D. / Peritz, E.: »An Epidemiologic Study of Mortality Among Bereaved Parents«. New England Journal of Medicine, 1988, 319, 8, S. 457–461.

Levi, P.: Ist das ein Mensch? Hanser, München 1991.

Lévi-Strauss, C.: Das wilde Denken. Suhrkamp, Frankfurt a. M. 1968.

Lindemann, E.: »Symptomatology and Management of Acute Grief«. American Journal of Psychiatry, 1944, 101, S. 141–148.

Logeart, A.: »Non-lieu pour une jeune fille morte«. Le Monde, 17.01.1990.

Löwenstein. W. / Ingold, F. / Ingold S.: »L'héroinomane, la seringue et la sida«. Retrovirus, 1988, Bd. I, S. 55–61.

Lundin, T.: »Morbidity Following Sudden and Unexpected Bereavement«. Br. J. Psychiatry, 1984, 144, S. 84–88.

Marty, P.: Les mouvements individuels de vie et de mort. Payot, Paris 1976.

–: L'Ordre psychosomatique. Payot, Paris 1980.

Moatti, J.-P. / Dab, W. / Bajos, N. u. a.: »Perception du sida et modifications des comportements sexuels«. Le Concours médical, 1989, 11, 23, S. 1971–1976.

Montaigne, M. de: Gesammelte Schriften. Hrsg. v. O. Flake u. W. Weigand, 8 Bände, München/Leipzig 1908–11, ²1915.

Morin, E.: L'homme devant la mort. Seuil, Paris 1976.

–: Vidal et les siens. Seuil, Paris 1989.

Nachin, Cl.: De deuil d'amour. Editions universitaires, Paris 1989.

Pardoe, J.: »Grieving Before Death«. Social Work Today, Okt. 1984, S. 28–29.

Parkes, C. M. / Benjamin, B. / Fitzgerald, R. G.: »Broken Heart: A Statistical Study of Increased Mortality Among Widowers«. Br. Med. J., 1969, 1: S. 740–743.

–: »Determinations of Outcome Following Bereavement«. Omega, 1975, 6, S. 303–323.

–: »Bereavement Councelling: Does it Work? Br. Med. J., 1980, 281, S. 3–6.

–: »Bereavement«. B. J. Psychiatry, 1985, 146, S. 11–17.

–: »Orienteering the Caregiver's Griefs«. Journal of Palliative Care. 1986, 1, 2, S. 5–7.

–: »Psycho-social Transitions: a Field for Study«. Social Sciences and Medicine, 1971, 5, S. 101–115.

–: Reactions to Bereavement, Diss., London 1962.

Parkes, C. M. / Parkes, J.: »Hospice versus Hospital Care. Re-evalutation After Ten Years as Seen by Surviving Spouses«. Postgraduate Medical Journal, 1984, 60, S. 120–124.

Paul, N. L. / Paul, B.: »Death and Changes in Sexual Behavior«, in: Normal Family Process, Guilford Press, New York 1982.

Pollak, M./Dubois-Arber, F./Bochow, M.: »Les modifications des pratiques sexuelles«. La Recherche, 1989, 20, 213, S. 1100–1111.

Pollak, M.: Les homosexuels et le sida. A. M. Métailié, Paris 1988.

Pons, J.-C./Brigaudiot, C. / Chambrin, V.: »Une femme séropositive a-t-elle le droit d'être mère?« Retrovirus, Bd. II, 1989, 4, S. 123–134.

Raimbault, G.: L'enfant de la mort. Privat, Toulouse 1977.

Rainey, L. C. / Crane, L. A. / Breslow, D. M. / Ganz, P. A.: »Cancer Patients Attitudes Towards Hospices Services«. C. A. A. Cancer Journal for Clinicians, 1984, 34, 4, S. 191–201.

Raphael, B.: »Preventive Intervention with the Recently Bereaved«. Arch. Gen. Psychiatry, 1977, 34, S. 1450–1454.

Rapin, C. H. (Hg.): Fin de vie. Nouvelles perspectives pour les soins palliatifs. Payot, Lausanne 1989.

Raymondet, P.: »Psychiatrie du sida«. Bulletin de l'Association Didier Seux, 1991, 12, S. 4–29.

Regnier, B. / Wolff, M. / Clair, B. / Vachon, F.: »De la réanimation des patients atteints de sida«. Retrovirus, Bd. I., 1988, 2, S. 70–72.

Robert, M.: La révolution psychanalytique. Bd. I u. II, Payot, Paris 1964.

Rogers, M. P. / Reich P.: »On the Health Consequences of Bereavement«. New England Journal of Medicine, 1988, 319, 8, S. 510–512.

Sanders, C.: »A Comparison of Adult Bereavement in the Death of a Spouse, Child and Parent«. Omega, 1980, 10, S. 303–322.

–: »Comparison of Younger and Older Spouses in Bereavement Outcome«. Omega, 1981, 11, S. 217–232.

–: »Effects of Sudden versus Chronic Illness Death on Bereavement Outcome«. Omega, 1983, 13, S. 227–241.

Schleifer, S. J. / Keller, S. E. / Camerino, M. / Thornton J. C. / Stein M.: »Suppression of Lymphocyte Stimulation Following Bereavement. JAMA, 1983, 250, S. 374–377.

Sebag-Lanoë, R.: Mourir accompagné. Desclée de Brouwer, Paris 1986.

–: »Les soins palliatifs dans les services de gériatrie en France«. Enquête nationale, Communication au 1er congrès de l'association européenne des soins palliatifs. Paris 1990.

Sethi, B. B.: »Relationship of Separation to Depression«. Arch. Gen. Psychiatry, 1964, 10, S. 486–496.

Stroebe, W. / Stroebe, M. S.: Bereavement and Health. Cambridge University Press, Cambridge 1987.

Styron, W.: Face aux ténèbres. Gallimard, Paris 1990.

Thomas, L. V.: Anthropologie de la mort. Payot, Paris 1975.

–: Mort et pouvoir. Payot, Paris 1978.

–: Le cadavre. De la biologie à l'anthropologie. Complexe, Brüssel 1980.

–: La mort africaine. Payot, Paris 1982.

Thuillier, P.: L'homosexualité devant la psychiatrie. La Recherche, 1989, 20, 213, S. 1128–1139.

Torok, M.: »Maladie du deuil et fantasme du cadavre exquis«. Revue française de psychanalyse, 1968, 4, S. 231–251.

Torok, M. / Abraham, N.: »Introjecter, Incorporer, Deuil ou mélancolie«. Nouvelle revue de psychanalyse, 1972, 6, S. 111–123.

Toscani, F.: »Overcoming Professional Opposition and Emphaty«. Communication au 1er congrès de l'association européenne des soins palliatifs. Paris 1990.

Toubiana, E.: L'héritage et sa psychopathologie. PUF, Paris 1990.

Urbain, J.-D.: L'archipel des morts. Plon, Paris 1989.

Vachon, M. / Lyall, W. A. L. / Rogers, J. / Freeman, K. / Freeman, S. J. G.: »A Controlled Study of Self-help Intervention for Widows«. American Journal of Psychiatry, 1980, 137, 1, S. 380–384.

–: »Correlates of Enduring Distress Patterns Following Bereavement: Social Network, Life Situation and Personality«. Psychological Medicine, 1982, 12, S. 783–788.

Varela, F. J.: The Embodied Mind. MIT, Cambridge/Mass. 1991.

Verspieren, P.: Face à celui qui meurt. Desclée de Brouwer, Paris 1984.

Vovelle, M.: La mort et l'Occident de 1300 ans à nos jours. Gallimard, Paris 1983.

Wachsberger, H.: »Aspects somatiques des deuils compliqués«. Rev. Med. Psychosom., 1980, 22, 2, S. 131–143.

Widlocher, D.: Les logiques de la dépression. Fayard, Paris 1983.

–: »Le corps figé du déprimé«. Rev. Med. Psychosom., 1988, 1, 70, S. 7–12.

Wirsching, M. / Stierlin, H. / Hoffmann, F. / Weber, G. / Wirsching, B.: »Psychological Identification of Breast Cancer Patients Before Biopsy«. J. Psychosom. Res., 1982, 26, 1, S. 1–10.

Wool, M. S. / Goldberg, R. J.: »Assessment of Denial in Cancer Patients: Implications for Intervention«. Journal of Psychosocial Oncology, 1987, 1, S. 1–14.

Yorkstone, P.: »Bereavement«. Br. Med. J., 1981, 282, S. 1224 f.

Zisook, S. / de Vaul, R. A. / Click, M. A.: »Measuring Symptoms of Grief and Bereavement«. Amer. J. Psychiatry, 1982, 139, 1, S. 590 ff.

Organisationen in Auswahl

ALPHA Rheinland
von-Hompesch-Str. 8
53123 Bonn
Tel.: 0228/746547

ALPHA Westfalen
Salzburgweg 1
48145 Münster
Tel.: 0251/230848

AG Zu Hause sterben Hannover
Blumhardstr. 2
30625 Hannover
Tel.: 0511/555074

Arbeitskreis Organspende
Emil-von-Behring-Passage
63263 Neu-Isenburg
Tel.: 06102/359-0
Fax: 06102/359-344

Bayerischer Hospizverband
Tiergartenstr. 19
8615 Pödeldorf
Tel.: 09505/1810

Bremer Hospiz-Hilfe
Hammersbecker Str. 228
28755 Bremen

Christophorus Haus e. V. Goslar
Birkenhof
38644 Goslar
Tel.: 05321/569153

Christophorus Hospiz Verein
Ligsalzstr. 32
80339 München
Tel.: 089/501133
Fax: 089/501151

Deutsche Gesellschaft
für Humanes Sterben e. V.
Lange Gasse 2–4
86152 Augsburg
Tel.: 0821/502350
(nur Sterbehilfe – keine Sterbebegleitung)

Deutsche Gesellschaft
für Medizinische Psychologie
Bunsenstr. 3
37037 Marburg
Tel.: 06421/283768
Fax: 06421/284881

Deutsche Gesellschaft für
Psychoanalyse, Psychotherapie,
Psychosomatik und
Tiefenpsychologie e. V.
Johannisbollwerk 20/III
20459 Hamburg
Tel.: 040/3192619
Fax: 040/3194300

Deutsche Hospizhilfe
Reit 25
21244 Buchholz i. d. Nordheide
Tel.: 04184/38855
Fax: 04184/39495

Deutsches Kollegium für
psychosomatische Medizin e. V.
Zentrum für innere Medizin
Baldingerstr.
35043 Marburg
Tel.: 06421/284012
Fax: 06421/286724

Deutsche Stiftung
Organtransplantation
Emil-von-Behring-Passage
63263 Neu-Isenburg
Tel.: 06102/359-0
Fax: 06102/359-344

Hospiz-Hausbetreuungsteam
Halle
Maurerstr. 6–10
06110 Halle
Tel.: 0345/32576

Internationale Gesellschaft für
Sterbebegleitung und
Lebensbeistand
Im Rheinblick 16
55411 Bingen/Rhein
Tel.: 06721/10328
Fax: 06721/10381

Johannes-Hospiz
am Krankenhaus der
Barmherzigen Brüder
Romanstr. 93
80639 München
Tel.: 089/1793-154

OMEGA
Mit dem Sterben leben e. V.
Postfach 1407
34334 Hann-Münden
Tel.: 05541/5356
Fax: 05541/4076

OMEGA
Mit dem Sterben leben e. V.
Kornweg 19a
58239 Schwerte
Tel.: 02304/43123
Fax: 02304/45711

Station für palliative Therapie
Dr.-Mildred-Scheel-Haus
Klinik und Poliklinik
für Chirurgie der Universität
Josef-Stelzmann-Str. 9
50931 Köln
Tel.: 0221/4780

Stuttgarter Hospizdienst
Stafflenbergstr.
70184 Stuttgart
Tel.: 0711/2054371

Namenregister